Volver atrás

Desarrolla tu poder de permanencia

DAG HEWARD-MILLS

Parchment House

Volver atrás
Dag Heward-Mills

A menos que se indique otra cosa, las citas bíblicas se tomaron de la Santa Biblia, Versión Reina-Valera Revisión 1960, © 1960 por Sociedades Bíblicas en América Latina. Usadas con permiso.

Las citas bíblicas marcadas LBLA se tomaron de La Biblia de las Américas, © 1986, 1995, 1997 por The Lockman Foundation. Usadas con permiso.

Las citas bíblicas marcadas NVI se tomaron de la Nueva Versión Internacional, © 1999 por la Sociedad Bíblica Internacional. Usadas con permiso.

Las citas bíblicas marcadas TLA se tomaron de la Biblia para todos © Sociedades Bíblicas Unidas, 2003 - Traducción en lenguaje actual © Sociedades Bíblicas Unidas, 2002. Usadas con permiso.

Las citas de Last Words of Saints and Sinners de Publicaciones Kregel han sido usadas con permiso.

Título original en inglés : ***Backsliding***
Traducción al español: Adriana Tessore

Originalmente publicado por Parchment House 1998
1ª. Edición en español 2011
Segunda Impresión 2015

ISBN: 978-9988-8516-1-3

Para mayor información sobre Dag Heward-Mills
Campaña de Jesús El Sanador
Escribe a: evangelista@daghewardmills.org
Sitio de web: www.daghewardmills.org.mx
Facebook: Obispo Dag Heward-Mills
Twitter: @DagHewardM

A mi hermana mayor: ***Beatrix Ayache***
Gracias por tu apoyo a través de los años.

Índice

Capítulo 1

¿Qué es volver atrás?

Dios levantó al profeta Jeremías en un tiempo en que Israel y Judá estaban por ser llevados cautivos a Babilonia. Él usó a Jeremías para mostrarle al pueblo de Israel el estado de su corazón, ***un corazón que había vuelto atrás***.

¿Por qué lloras, Jeremías?

El libro de Jeremías nos da varias descripciones muy vívidas del estado de volver atrás. Jeremías, también conocido como «el profeta llorón», centra la mayoría de sus mensajes en el tema del *volver atrás*. Solía estar con frecuencia en «guerra» con el pueblo de Israel, advirtiéndole continuamente que se arrepintiera y abandonara los malos caminos. El profeta llorón estaba preocupado por la actitud caprichosa de su pueblo. Repetidas veces él los instaba diciendo: «Conviértanse de su mal camino. ¡Dejen de hacer lo malo! Arrepiéntanse y vuelvan a Dios».

De muchas maneras diferentes, él intentaba mostrarles lo que significaba volver atrás. Sin embargo, el pueblo de Israel y de Judá se negaban a cambiar.

Hace muchos años aprendí por experiencia que volver atrás está relacionado con avanzar por un camino sin señales. En nuestro andar cristiano no hay señales que nos adviertan si estamos volviendo atrás. No existe una señal que diga: INFIERNO Y DESTRUCCIÓN A 200 M. ¡No hay tal señal! **El volver atrás es algo que sucede de manera gradual, hasta que te encuentras en un lugar en el que jamás esperaste estar. Gradualmente y sin pausa, te DESLIZASTE hasta allí.**

La vuelta atrás es algo real y puede analizarse al estudiar las diferentes formas de producirse que describe Jeremías. El profeta usó situaciones de la vida real para describir este fenómeno espiritual tan común. Es algo que sucede con frecuencia en el mundo cristiano. La Biblia dice:

... porque muchos son llamados, mas pocos escogidos.

Mateo 20:16

En otras palabras: muchos comienzan a andar con Cristo pero muchos también caen. La Biblia también dice:

... mas el que persevere hasta el fin, éste será salvo.

Mateo 10:22

Muchos de los que se acercan a Cristo, luego caen.

¡Incluso TÚ puedes volver atrás!

Algunas personas podrán rechazar esta idea y decir: «Yo no veo que esté volviendo atrás». Esta actitud muestra a las claras que eres propenso a hacerlo. La Biblia nos advierte en 1 Corintios 10:12: **«Así que, el que piensa estar firme, mire que no CAIGA»**.

Este libro te ayudará a desarrollar resistencia en la carrera cristiana. **Cuanto más sepas, más seguro estarás y más resistencia desarrollarás.** La Biblia dice:

... pues no ignoramos sus maquinaciones.

2 Corintios 2:11

La enseñanza que ofrece este libro eliminará la plaga de la ignorancia. **Recuerda que aquellos que no leen no son mejores que quienes no saben leer.** En otras palabras, aquellos que se niegan a buscar el conocimiento no son mejores que quienes carecen de la posibilidad o capacidad para hacerlo.

En el capítulo que sigue, voy a mostrarte las diferentes maneras de ver esta actitud de volver atrás en el camino de la fe.

Capítulo 2

Descripciones bíblicas de volver atrás

Cambiar fuentes por CISTERNAS ROTAS

... me dejaron a mí, fuente de agua viva, y cavaron para sí cisternas, cisternas rotas que no retienen agua.

Jeremías 2:13

Cuando estudiaba medicina, me enviaron a trabajar a Danfa, un pueblo de Ghana, durante dos semanas. Una vez, durante un viaje por el campo, pasamos por otro pueblo apartado que no contaba con agua corriente. Al carecer del vital elemento, habían cavado un profundo pozo en la tierra del cual sacaban agua que, *generalmente estaba sucia y de color oscuro.*

¡Ellos bebían esa agua sucia y oscura!

Los habitantes del pueblo se bañaban y hacían sus necesidades en ese pozo. Y al mismo tiempo, bebían de él y usaban el agua para cocinar. Por supuesto, esta agua les producía diversas enfermedades y dolencias.

En la Biblia se compara a las personas que vuelven atrás con aquellos que teniendo acceso al agua fresca y pura, prefieren agua podrida. Igual que lo que vi en aquel pueblo.

Estoy seguro que te preguntas por qué alguien podría dejar de lado agua dulce, fresca y libre de infecciones para preferir agua sucia y llena de enfermedades. Hay creyentes que han tenido acceso a una vida de santidad y bondad. Sin embargo, la han rechazado para tener una vida pecaminosa y controlada por los demonios.

Dios te ha dado una alternativa al agua sucia y oscura. Dios te dice que cuando reincides estás volviendo a algo terrible que acabará por matarte. Él te dice que no hagas algo tan absurdo como beber de nuevo de aquella agua turbia.

Cómo convertirse en una viña salvaje y extraña

… ¿cómo, pues, te me has vuelto sarmiento de vid extraña?

Jeremías 2:21

La siguiente descripción de vuelta atrás en la Biblia es la de una planta buena que se ha degenerado en una viña extraña y espinosa.

Aquí, Dios nos muestra cómo una plantación de la que se esperaba buen rendimiento se convirtió en un campo inútil lleno de espinas y maleza. Tú, como creyente, eres esa hermosa planta del Señor. ¿Por qué razón querrías degenerar y convertirte en una mata espinosa e inútil? Así te ve Dios cuando decides volver atrás en tu camino de fe.

El problema de Dios con Israel es que Él había invertido muchísimo amor, cuidado, atención y tiempo en la vida de su pueblo. Sin embargo, ellos se habían convertido en personas desobedientes, malvadas y duras de corazón. ¿Accederás a convertirte en una criatura inútil para Dios? La respuesta debería ser un rotundo: «¡No!».

Cómo convertirse en un camello salvaje

… Mira tu proceder en el valle, conoce lo que has hecho, dromedaria ligera que tuerce su camino.

Jeremías 2:23

A un cristiano que vuelve atrás también se lo describe como *una dromedaria ligera que tuerce su camino.* Dromedario es otra manera de llamar al camello. Es una criatura salvaje y muy rápida que se desvía y se pierde en todas partes.

El corazón de una persona que vuelve atrás es irrefrenable como un camello salvaje. Nada lo controla. Es salvaje y libertino. Recuerdo que hace algunos años fui a visitar a un cristiano en Londres que había decidido volver atrás.

Mi amigo en estado salvaje

La mejor manera para describir a esta persona es: *salvaje y libertino*. Yo trataba de atraerlo nuevamente al Señor. Me llevó mucho tiempo localizar su casa. Finalmente llegué a su departamento pasada la medianoche. Se sorprendió al verme y me hizo pasar dándome la bienvenida. Cuando comenzamos a hablar, él cayó en la cuenta del porqué de mi visita. Habiendo sido un cristiano maduro que había vuelto atrás, él conocía todos los pasajes de la Escritura que yo intentaba citar.

De modo que en determinado momento él me interrumpió y me dijo: «Mira, sé lo que intentas decirme y conozco los versículos de la Biblia de que te has provisto. Pero quiero que sepas que a mí no me importa nada».

Acto seguido, sacó un cigarrillo y se puso a fumar en mi presencia. Me dijo: «Quiero que me veas fumar porque yo no tengo restricciones de ningún tipo».

Luego, trajo un álbum y me mostró algunas fotografías que se había sacado con su novia. Algunas de esas fotos eran bastante sugestivas y hasta lujuriosas.

Luego comentó: «Quiero que me veas cómo soy en realidad. Así soy yo ahora. Esto es lo que hago. ¡Y no hay nada que alguien pueda hacer al respecto!».

Una vez más, dejaba en claro que él podía hacer lo que se le antojara y que nadie podía controlarlo. **Como puedes ver, los que vuelven atrás son como camellos salvajes que carecen absolutamente de restricciones y límites.** Se supone que tu vida cristiana sea gobernada por la Palabra de Dios.

Cuando una persona vuelve atrás, comienza a hacer lo que quiere y no lo que *Dios* quiere que haga. Es como un animal salvaje sin freno ni control. La Palabra de Dios nos da lineamientos que son para nuestro bien pero el que vuelve atrás elige vivir fuera de la ley de Dios. ¡Qué pena!

Cómo convertirse en un asno montés

Asna montés acostumbrada al desierto, que en su ardor olfatea el viento. De su lujuria, ¿quién la detendrá?

Jeremías 2:24

Muchas personas que deciden volver atrás son como animales salvajes ardientes de pasión que buscan una pareja. La Biblia de las Américas pone de esta manera: **En la época de su celo ¿quién la puede refrenar[a]? Todos los que la busquen, no se tienen que fatigar, en su mes la hallarán.**

Ella me dijo: «¡No tengo tiempo para ustedes!»

Recuerdo la ocasión en que fui a visitar a una hermana que había abandonado el camino de la fe y vuelto atrás. Fui junto con un buen amigo con quien compartía parte de la tarea pastoral. Cuando arribamos a la casa de esta hermana, le dije que habíamos ido a ver cómo andaba ella con el Señor. Su casa estaba en un sector de la ciudad que yo no conocía muy bien, y nos había tomado alrededor de tres horas dar con ella.

Cuando llegamos, la mujer me miró muy seria y dijo: «No puedo hablar contigo porque estoy cocinando».

Entonces le dije: «Hicimos un largo viaje para venir a verte ¿y ni siquiera vas a ofrecernos una silla?».

Insistió con que no tenía tiempo para nosotros. De manera que luego de musitar una rápida exhortación a permanecer cerca del Señor, nos marchamos rápidamente. Esta joven que no tenía tiempo para nosotros, sí tuvo tiempo para un muchacho incrédulo que la estaba «cortejando». Ella no tenía tiempo para los hermanos cristianos que deseaban ayudarla en su vida espiritual; pero el novio incrédulo no tuvo problema para acceder a ella.

Cuando te conviertes en un cristiano que ha vuelto atrás, la Biblia dice que eres presa de los incrédulos. Los no creyentes pueden llevarte con facilidad al pecado.

La traducción Moffat de la Biblia se exponen más detalladamente: "Ningún hombre necesita molestarse de buscarla; todos pueden encontrarla en el momento de su apareamiento."

Muéstrame un cristiano que haya vuelto atrás y yo te mostraré una presa fácil para el diablo y sus seguidores.

Satanás capitaliza las pasiones de la carne de aquellos que han vuelto atrás y no le cuesta nada acabar con ellos.

Una mujer que olvida su atavío

¿Se OLVIDA la virgen de su ATAVÍO, ...? Pero mi pueblo se ha olvidado de mí...

Jeremías 2:32

Según Jeremías, la persona que vuelve atrás es como una mujer que se olvida de ponerse su *atavío*.

Muchas mujeres están aferradas a sus aretes, collares y maquillaje. Algunas de ellas jamás aparecen en público sin adornarse con todos esos accesorios. (Es lamentable que muchas damas sustituyan la belleza interior por la exterior. No tienen tiempo para orar o leer la Biblia, pero dedican mucho tiempo a ponerse toda clase de adornos y a ataviarse ¡todos los días!)

Debo reconocer que es muy raro encontrar a una mujer que no esté aferrada a su alhajero. **Dios compara a la persona que vuelve atrás con una joven que se ha olvidado de hermosearse con sus diversos vestidos, zapatos, collares, aros, maquillaje y todo lo demás. ¡Qué atípico!**

Jeremías reconoció que estas cosas eran parte de toda mujer corriente y que las mujeres están muy aferradas a estas cuestiones.

Relaciona el lazo entre una mujer y sus atavíos con la relación que existe entre un creyente y Dios.

Dios describe el acto de volver atrás con una mujer que se olvida de sus atavíos.

En otras palabras, volver atrás y apartarse de Dios es algo muy poco frecuente.

Quizás no parezca poco frecuente en el mundo natural, pero a la vista de Dios y de los ángeles es un fenómeno sumamente extraño.

Algunas personas me recuerdan esto. En alguna oportunidad ellos acostumbraban a cantar, alabar y adorar e incluso a liderar a otros cristianos.

Hoy son solo cristianos nominales

Hoy, son solo cristianos nominales. Una cosa de la que estoy seguro es que algunos cristianos ni siquiera son conscientes de que han vuelto atrás.

Si un líder cristiano vibrante y carismático se convierte en un individuo nominal con principios dentro de la sociedad, debe comprender que es alguien que ha vuelto atrás. Aunque la gente lo considere una buena persona, a la vista de Dios ha caído del alto lugar que solía ocupar liderando al pueblo del Señor, exhortándolo, compartiendo la Palabra, imponiendo las manos a las personas y demás.

Una persona viene a mi mente cada vez que pienso en este pasaje bíblico. Ella era una cristiana vibrante que testificaba y llevaba mucho fruto.

«Ah, pastor, siempre vamos a la iglesia»

Cada vez que la veo, le pregunto: «¿Cómo va tu vida cristiana?». Y ella sonríe y responde: «Ah, pastor, siempre vamos a la iglesia».

Lo que puedo decir a su favor es que es una persona moralmente buena que no le hace daño a nada ni a nadie. **¡Pero solía vivir más el cristianismo!** ¿Puede una persona tan ligada a la experiencia cristiana activa, que lleva fruto, ser apartada de ese estado con tanta facilidad? Me pregunto cómo se sentirá la gran nube de testigos cuando ven que algo así sucede. Jeremías lo describe de una manera: como una mujer sin su atavío.

Una novia que se olvida su traje

> **¿Se olvida la virgen de su atavío, o la DESPOSADA de sus GALAS?...**
>
> **Jeremías 2:32**

Muchas novias se enamoran de su traje. Antes del día de la boda, lo cuelgan en su armario para asegurarse de que no vaya a arrugarse. Es frecuente que se lo prepare de antemano para el gran día (¡y hay trajes de novia que cuestan el salario de todo un año!).

Es un traje que llevará puesto apenas unas cuantas horas, pero la novia no se fija en gastos a la hora de comprarlo. Muchas mujeres se emocionan por ser la novia, la estrella de la noche, la más bella mujer del día, la princesa del momento. ¡Y así ella avanza por el pasillo con sumo esplendor!

¡Ninguna mujer se olvida de su traje de boda!

Dios está diciendo que cuando te apartas de Cristo, eres como una novia que se olvidó de ponerse su traje el día de su boda. Creo que si esto sucediera alguna vez, ¡ingresaría en el «Libro Guiness de los Récords»! Si algún lector ha escuchado que alguna vez una novia fue a su boda habiéndose olvidado de ponerse su traje nupcial… ¡por favor, no deje de escribirme de inmediato!

Por esta razón Dios se horroriza cuando los cristianos se olvidan de su Dios y vuelven atrás. Es sencillamente inverosímil, inconcebible y fuera de toda comprensión. La Biblia sostiene que la novia no puede divorciarse de su vestido de boda. ¡No! Y por eso Dios se horrorizó cuando tú manifestaste por primera vez signos de volver atrás.

Una amante que fornica

... Tú, pues, has FORNICADO con muchos amigos...

Jeremías 3:1

Dios compara al que vuelve atrás con una mujer que está casada con el hombre de sus sueños pero luego decide irse con otros hombres. Salta la tapia de noche, abandona a su amado, a su príncipe azul, al dueño de su corazón en la cama y va en busca de «sangre fresca».

Sé que para muchas personas la profesión de prostituta les resulta horrenda y repulsiva. No logran entender cómo una persona puede darle ese uso a su cuerpo como medio de vida.

Recuerdo a una agradable mujer que tenía un esposo respetable. Al poco tiempo de casados, esta mujer comenzó a tener aventuras con otros hombres. Ella se escapaba de su casa de noche mientras su esposo dormía. ¿Te imaginas?

Sin embargo, permíteme hacer una pregunta: Si tu esposa no solo te deja sino que se va a la calle a prostituirse, ¿no es eso acaso peor todavía? ¿Qué se sentirá al pasar por la «zona roja» y descubrir que tu esposa está allí ofreciendo sus servicios?

¡Te sentirías destrozado!

Esto es exactamente lo que Dios siente cuando ve a sus hijos tan amados allí afuera en el mundo, vendiéndose y entregándose al obrar de Satanás. ¡Qué triste!

Cómo es comer tu propio vómito

Como perro que vuelve a su vómito, así es el necio que repite su necedad.

Proverbios 26:11

En cuanto a la comida, tengo mis gustos particulares. Mi madre siempre preparaba platillos muy condimentados, así que no estoy acostumbrado a comer cosas que no sean muy picantes. Y he decidido que no comeré nada que no quiera comer.

Recuerdo que en cierta oportunidad que estaba de visita en el lejano oriente, me senté a la mesa con algunos dignatarios.

Debo reconocer que fue una experiencia extremadamente difícil para mí tener que tragarme varios bocados de lo que parecían ser anguilas, serpientes, almejas y cosas por el estilo.

Dios sabe lo difícil que nos resulta comer cosas que no nos gustan. La mayoría de nosotros jamás comería ciertas cosas por más que estuviera muriéndose de hambre. Por ejemplo, el propio vómito.

Recuerdo cierto día en particular cuando vi que mi perro vomitaba una sustancia desagradable que parecía natilla.

El perro se comió aquella extraña sustancia

Era algo tan asqueroso y con un olor tan desagradable que tuve que evitar esa zona de la casa. **Una hora más tarde, pasé por allí y me sorprendió ver al perro lamiendo con ganas su vómito.** ¡Qué cosa tan absolutamente repugnante! Me preguntaba por qué el perro lo estaba comiendo. ¿Acaso no tenía otra cosa para comer?

Quizás hayas visto este fenómeno con anterioridad. Bueno, así es *exactamente* como te ves cuando regresas a tus antiguos hábitos, tu anterior novio o novia y las viejas costumbres que habías vomitado. Dios se siente altamente sorprendido.

Esto nos recuerda al hijo pródigo que terminó comiéndose la comida para cerdos.

El hijo pródigo es otra descripción del creyente que vuelve atrás. Exigió su parte de la propiedad del padre y se marchó de la casa paterna. Viajó a un país muy lejano y malgastó todo lo que tenía en una vida desenfrenada. Al final, acabó alimentando cerdos.

Y deseaba llenar su vientre de las algarrobas que comían los cerdos...

Lucas 15:16

Y esto es lo que significa volver atrás. **Si tienes la oportunidad de comer a la mesa con tu familia cristiana, ¿por qué deberías acabar comiendo con los cerdos?**

Querido amigo cristiano, en estas últimas páginas he intentado describir el horror de la decisión de volver atrás lo más gráficamente posible. ¿Qué más puedo decir? Si este mensaje no te resulta claro, es porque eres sordo, ciego o sencillamente deshonesto. Dios nos dice con claridad que una vez que lo conocemos, es bueno que permanezcamos con Él. No hay vuelta atrás ni hay que caer.

Pero nosotros no somos de los que retroceden para perdición...

Hebreos 10:39

Ninguno que poniendo su mano en el arado mira hacia atrás, es apto para el reino de Dios.

Lucas 9:62

Capítulo 3

Principales causas de volver atrás

Sé que las causas para volver atrás son muchas, pero en este capítulo intentaré mencionar las predominantes, según el Señor me ha mostrado.

Superficialidad

> **... pero éstos NO TIENEN RAÍCES; creen por algún tiempo, ...**
>
> **Lucas 8:13**

La parábola del sembrador nos da varias razones de por qué algunas de las semillas no pudieron crecer. Esto pasó porque cayeron en suelo rocoso.

Jesús explicó que estas personas son las que reciben la Palabra de Dios con gozo y creen por un tiempo. Sin embargo, cuando llega la prueba caen porque carecen de raíces.

Todos serán probados

Con seguridad, a todo cristiano le llega un tiempo de prueba. Si eres superficial, en el momento de la prueba, vas a caer. La experiencia me indica que muchos cristianos no tienen raíces profundas. No conocen a Dios por sí mismos. Incluso ni siquiera son capaces de explicar por qué hacen lo que hacen. No saben por qué pertenecen a determinada iglesia. No saben por qué hablan en lenguas. Tampoco saben por qué ofrendan. Cuando enfrentan la más leve crítica, se sienten confundidos y no pueden defenderse.

Al carecer de una experiencia personal con Dios, estas son las personas que jamás pueden decir: «Dios me habló». **Carecen de convicciones propias.**

Un amigo muy cercano que me instruyó en las cosas del Señor se desvió del cristianismo y se hizo miembro de una secta. Sin embargo, no lo seguí porque yo tenía mis propias convicciones profundamente arraigadas.

Sé por qué estoy sirviendo al Señor, por tanto ni mis padres ni mi mejor amigo podrían hacerme cambiar de idea. **Muchos cristianos que no están arraigados a una doctrina bíblica sólida son fácilmente persuadidos a ir tras fábulas.** Algunos creyentes renacidos caen porque no conocen la diferencia entre el verdadero evangelio y las creencias de sectas como, por ejemplo, los Testigos de Jehová.

Yo testifiqué a los Testigos de Jehová

En cierta oportunidad, me encontraba parado en el Thomas Sankara Circle en la ciudad de Accra cuando un Testigo de Jehová se acercó para tratar de convertirme a su fe.

Me preguntó: «¿Crees en el Espíritu Santo?».

Yo respondí: «¡Por supuesto que sí! –y le pregunté–: ¿Sabes algo acerca del "hablar en lenguas"?».

Y él me respondió: «Sí, pero no creo en eso».

Entonces le pregunté: «¿Y qué es *esto*…?». Y solté una serie de palabras en lenguas a este sincero (pero sinceramente equivocado) caballero.

Esto dio por finalizada nuestra conversación. ¡Salió huyendo! Si yo no estuviera convencido de que hablar en lenguas es una capacidad que viene con el Espíritu Santo, él podría haberme confundido. Sin embargo, yo conozco mi Biblia y sé hasta el día de hoy que el Espíritu Santo viene de Dios, y el hablar en lenguas es uno de sus dones. Debes saber por qué las lenguas suenan como un idioma monótono y repetitivo. Es porque la Biblia dice: «porque en lengua de tartamudos, y en extraña lengua hablará a este pueblo». Se describe a las lenguas como una lengua tartamuda. No es un idioma corriente. Es un idioma celestial que se manifiesta de manera tartamuda.

¿Caerás ante la próxima crisis?

Quizás estés en una iglesia, pero si no estás profundamente arraigado, caerás en la próxima sacudida o crisis. La próxima vez que se produzca un problema en tu iglesia, tu membresía y tu compromiso serán sacudidos. Solo el cristiano *«superficial»* caerá cuando un gran hombre de Dios se vea envuelto en un pecado escandaloso. **¿Qué tienen que ver los pecados de aquel hombre de Dios con tu propia salvación? ¿Por qué habrías de pensar en abandonar a Cristo por culpa de los errores de tu pastor?** ¡Los cristianos que proceden de esa manera son superficiales!

No me sigas si yo no estoy siguiendo a Cristo

Yo soy el pastor de una iglesia muy grande. Sé que muchas personas no harían cualquier cosa que yo les dijera. Pero siempre les digo a los miembros de mi iglesia que no me sigan si yo no estoy siguiendo a Cristo. Después de todo, soy solo un hombre y puedo cometer errores. Les digo: «Si les pido que hagan algo que no es bíblico, entonces no lo hagan. Solo hagan cosas que estén sustentadas por la Biblia».

Si no estás seguro acerca de algo que tu pastor está diciendo, sencillamente pregúntale: «Por favor, ¿podría indicarme cuál es la base escritural para esta nueva revelación?».

No respetar este principio es la razón por la cual algunos que se llaman pastores bañan a sus miembros desnudos (en lo que denominan baños «santos»). Algunos de estos supuestos ministros engañan a la gente y se quedan con sus posesiones terrenales.

Esto es porque los pastores saben que tratan con personas superficiales.

Pablo dijo: «Sean imitadores de mí como yo lo soy de Cristo». Él era un hombre sujeto a las pasiones, de manera que todo lo que él hacía debía ser analizado por el libro de los libros: La Biblia.

¿Sabías que Aarón guió al pueblo de Israel a construir un becerro de oro luego de que Dios los liberara de Egipto? Estas personas habían sido salvadas, pero eran superficiales en su experiencia con Dios. Cuando Moisés fue retenido en la montaña, los israelitas en su fe superficial, se volvieron a los ídolos y declararon: «Israel, estos son tus dioses, que te sacaron de la tierra de Egipto».

No seas superficial, llevado por todo viento de doctrina. ¡No vayas con la corriente! Solo los superficiales siguen a la multitud.

Seguir a la multitud puede ser peligroso

Muchos se volvieron adoradores del becerro en los días de Aarón porque siguieron a la multitud.

Muchos murmuraron y fueron destruidos en los días de Moisés y los diez espías porque siguieron a la multitud.

Muchos se involucraron en el asesinato de Jesús, el Hijo de Dios, porque siguieron a la multitud.

¡Seguir a la multitud puede ser peligroso!

No seas un cristiano superficial. Sé profundo. No seas un creyente por un tiempo.

Permite que tus raíces crezcan y arraiguen. Como lo expresa el compositor: *«¡Llévame más profundo, Señor!»*.

Vacío

... vengo a ser como metal que RESUENA, o címbalo que retiñe.

1 Corintios 13:1

Ese «resuena» me da idea de eco y el eco justamente se produce en el vacío al que me estoy refiriendo en esta parte del libro. Hay muchos cristianos vacíos. No hay nada en ellos. Yo los llamo: *«cristianos etéreos»*. Hay poco y nada de la Palabra en ellos, ni tampoco están llenos del Espíritu Santo o de amor. Puede que hablen en lenguas, pero la Biblia dice que cuando lo hacen, tan solo están haciendo ruido y nada más.

El pasaje de 1 Corintios 13:1 nos brinda claramente la idea de *vacío espiritual*. Si no tengo amor «vengo a ser como metal que *resuena*, o címbalo que *retiñe*». Reitero: *resuena* y *retiñe* son el resultado del vacío interior.

Los cristianos vacíos son blancos fáciles

El vacío atraerá otras cosas que vendrán a llenar ese espacio ocupado por la nada. Un vacío espiritual será llenado por cosas espirituales, sean estas positivas o negativas. La naturaleza no tolera el vacío por lo que todo espacio será llenado.

> **Y cuando llega, la halla barrida y adornada.**
>
> **Lucas 11:25**

Los cristianos vacíos son blancos fáciles para el enemigo. El diablo tratará de llenarte con tendencias malas y la idea de volver atrás debido al vacío que hay en ti.

> **... y eligieron a Esteban, varón LLENO de fe y del Espíritu Santo, ...**
>
> **Hechos 6:5**

Como puedes ver, Esteban estaba lleno de algo positivo. Por eso él no volvió atrás sino que siguió adelante para convertirse en un gran evangelista.

Dicen que los barriles vacíos son los que producen el mayor ruido. Es el *resonar* del que habla 1 Corintios 13. Este mismo principio es el que definitivamente se aplica en el cristianismo. **Los cristianos vacíos son ruidosos y se hacen notar pero carecen de sustancia.** Es necesario que todo cristiano sea lleno del Espíritu, de amor y de la Palabra.

¿De qué estás llenando tu espíritu? Llena tu espíritu con la Palabra de Dios, con fe y con buena música cristiana. (Dicho sea de paso, no andes escuchando música que no sea cristiana; ¡llenarás tu mente de basura!) **Ocupa tu tiempo con actividades de la iglesia. Si no llenas tu vida de estas cosas buenas, *alguna otra cosa* la llenará. Elimina el vacío de tu vida espiritual.** Esta es una clave fundamental para la resistencia necesaria para la carrera cristiana.

Lujuria

Porque Demas me ha desamparado, AMANDO este mundo, ...

2 Timoteo 4:10

Demas amó el mundo. Por eso abandonó a Pablo. Si amas a alguien, acabarás por estar en torno a esa persona. Esto explica por qué las jóvenes dejan a sus amados padres para casarse con alguien virtualmente extraño. El amor o la lujuria es una de las razones para ese empuje gravitacional.

Si amas el mundo (su dinero, sus mujeres, sus hombres, su brillo) descubrirás que gravitas en torno a estas cosas. Por tanto es importante que el cristiano no tenga en su corazón ningún amor extraño.

Yo tengo un «amor» por mi Señor y un segundo «amor» por mi esposa. No puedo permitir ningún otro «amor» en mi corazón.

¡Los deseos fuertes son peligrosos!

Hay muchas mujeres cristianas que tienen deseos tan fuertes de casarse que sacrificarán todos sus principios y todas las reglas con tal de casarse. Sentir lujuria por algo es tener un deseo fuerte, excesivo, por algo. **Por lo general es un deseo incontrolable y a veces obsesivo por algo en particular. Un diccionario define «lujuria» como: deseo animal. Ten cuidado con todas las formas de lujuria, sea financiera, sexual o de poder. La lujuria corrompe.** Recuerda la Escritura:

... habiendo huido de la CORRUPCIÓN que hay en el mundo A CAUSA DE LA CONCUPISCENCIA;

2 Pedro 1:4

El hijo pródigo tenía un fuerte deseo por el mundo. Él quería dejar el hogar para poder disfrutar los placeres del mundo. Vivía engañado y quería algo más. ¡Pero no existía nada más! Pronto descubrió que la situación allá afuera no era tan buena como en el hogar.

Es frecuente que los cristianos crean que se están perdiendo de algo del mundo. A veces sienten que están perdiendo dinero, sexo, glamour y demás. Fuera del amor de Cristo, si tienes cualquier otro amor en ti, necesitas ser cuidadoso. **Si tienes alguna lujuria extraña en ti, debes eliminarla ahora mismo o crecerá y se adueñará de tu vida.**

¡La maté!

Una vez vi una cría de serpiente en mi jardín. Se parecía mucho a una lombriz corriente, pero era una serpiente. De manera que me dije: «Si yo no la mato ahora, algún día ella me matará a mí». Y pensé: Es demasiado peligroso dejar esta cosa con vida. La mataré ahora mismo.

Así es como debemos proceder con algunos de esos deseos que acechan en nuestro interior. Trátalos como yo traté a la serpiente. Mátalos ya mismo, mientras son pequeños e inofensivos. Si les permites crecer y desarrollarse, algún día te destruirán.

Amargura

> **... que brotando alguna raíz de AMARGURA, os ESTORBE, ...**
>
> **Hebreos 12:15**

Muchas de las personas que se van de la iglesia son cristianos ofendidos que han caído en la amargura. Es probable que hayan sido genuinamente ofendidos, pero sus heridas jamás sanaron.

Cuando mi esposa estaba embarazada de nuestro segundo hijo, Joshua, a veces la acompañaba a la clínica de cuidados prenatales. Para pasar el tiempo, me puse a conversar con uno de los médicos. Una mañana, mientras conversaba con este doctor, noté que le faltaba uno de los dedos de los pies.

Le faltaba un dedo del pie

Así que le pregunté: «¿Qué le pasó a tu dedo?».

Y él me respondió: «Soy paciente diabético y me lastimé ese dedo. (Como es sabido, las heridas de algunos pacientes diabéticos no se sanan con facilidad.)».

Y prosiguió diciendo: «Me golpeé el dedo contra algo y pasado un tiempo la herida no se sanaba. Llegó a empeorar tanto que me afectó toda la pierna».

Los médicos incluso llegaron hasta a considerar la idea de amputarle toda la pierna. No obstante, al final decidieron cortarle solo el dedo en cuestión. «Fue una experiencia sumamente traumática para mí. Y así fue cómo terminé sin un dedo», finalizó.

Mientras reflexionaba en la historia del dedo faltante, el Espíritu de Dios me habló y me dijo: «Esto es lo que sucede con los cristianos que son lastimados y jamás se recuperan de sus heridas».

El Espíritu Santo me mostró cuántos cristianos y pastores permiten que sus heridas se degeneren hasta que empeoran y se conviertan en heridas del corazón engangrenadas. Y continuó: **«Se apartan de otros cristianos como precaución, porque no desean que los vuelvan a lastimar. Esta separación finalmente conduce al absoluto aislamiento del cuerpo de Cristo y vuelven atrás».**

A veces, pienso en todas las heridas que he experimentado en este ministerio y cómo estas tendieron a aislarme. Puedo recordar cómo mi ex pastor me ofendió e incluso se negó a apoyarme cuando empecé en mi ministerio.

Ninguno de ellos vino a mi boda

Invité a mi boda a todos los pastores que conocía; pero ninguno asistió. Llegado el momento de las fotografías grupales, el maestro de ceremonias solicitó que se hicieran presentes todos los pastores: no había ni uno. Había sido completamente rechazado por los otros ministros de la ciudad.

Un vecino y amigo cercano de mi familia una vez llegó a llamarme ¡líder de secta! Hubo pastores de mi confianza que me traicionaron y se volvieron en mi contra. Experimenté la deserción a mitad de camino del ministerio por parte de personas de mi confianza. Hubo miembros fieles de mi congregación en los que invertí muchísimo ¡y llegaron a pelearse conmigo!

En determinado momento, incluso decidí permanecer alejado de la interacción con varias personas. Sin embargo, mientras pensaba en el dedo de este hombre, me di cuenta de lo que gradualmente me estaba pasando. Estaba siendo amputado del resto de la iglesia de Ghana, igual que el dedo de este médico. Y era debido a heridas y lastimaduras sin cicatrizar. Por tanto, decidí que sanaría mis heridas.

He notado que hay muchos pastores experimentados en el ministerio que han sido defraudados, desilusionados y no están dispuestos a perdonar. He sido testigo de cómo grandes ministros que alguna vez llegaron a afectar a toda la nación, se habían aislado y separado por completo del resto del cuerpo de Cristo.

Él no pudo ocultarme sus heridas

Cierta vez, me encontraba en la oficina de consejería cuando vino un hombre joven.

Con determinación afirmó: «He decidido estar en su iglesia porque creo que aquí es donde Dios quiere que yo esté».

Le pregunté: «¿Por qué dejaste tu otra iglesia?».

Y respondió: «Fui guiado por el Espíritu a venir aquí».

Volví a preguntarle: «Aparte de la guía del Espíritu, ¿sucedió algo más que te hizo tomar la decisión de abandonar aquella iglesia?».

Dudó antes de responder: «Bueno… hubo un pequeño problema…». Y comenzó a contarme diversos problemas que habían surgido en su iglesia anterior.

Inmediatamente supe que lo que sospechaba era cierto. Este hombre estaba herido y sus heridas no resueltas habían hecho que fuera cortado de su iglesia. Esta es una de las razones más comunes por las que la gente vuelve atrás y deja su iglesia.

¡Amor que vuelve atrás!

Las parejas casadas también vuelven atrás en su relación el uno con el otro. Comienzan con un amor ardiente, fuerte y abrasador, que con frecuencia es ciego y no quiere ver. **No obstante, muchas parejas con varios años de casados sencillamente coexisten o se odian.**

¿Cómo fue que volvieron para atrás y pasaron del amor al odio? Muchas veces las ofensas y las heridas del matrimonio nunca fueron completamente resueltas hasta que virtualmente se separa el uno del otro. Este es una de las tretas preferidas del diablo.

Si no consigue aislarte por medio de las heridas, buscará la oportunidad de hablarte y hacerte volver atrás. Como sabrás, eres mucho más vulnerable cuando estás aislado. El libro de Hebreos nos advierte que la amargura puede llegar a estorbarnos grandemente.

> **... que brotando alguna raíz de AMARGURA, os ESTORBE, ...**
>
> **Hebreos 12:15**

Pecaminosidad

> **Hijo mío, si los pecadores te quisieren engañar, no consientas.**
>
> **Proverbios 1:10**

Muchos de los cristianos que abandonan la iglesia y vuelven atrás es porque han estado viviendo en pecado.

Aunque estaban en la iglesia, algunos acostumbraban a fornicar, adulterar, robar y cometer otra clase de pecados. Estos son los miembros de iglesia que fácilmente se enojan con sus pastores cuando estos predican sobre sus malas acciones. No quieren que se haga referencia a ciertas porciones de la Biblia. Se sienten incómodos cuando en la iglesia se predica sobre determinados temas.

No les agradan los sermones ardientes

No quieren saber nada con los mensajes implacables, inspirados por el Espíritu Santo que explicitan la realidad de la vida recta.

Una mañana, un amigo conversaba con una colega en la oficina.

Ella le preguntó: «¿Qué tal te fue en el fin de semana?».

«Bien… Fui a la iglesia el domingo», respondió él.

«¿Y qué tal la iglesia?», quiso saber ella.

Y él respondió: «Ya no me gusta más mi iglesia, creo que no voy a volver».

Ella se sorprendió y le preguntó: «¿Qué hay de malo con tu iglesia? Hace tiempo que asistes allí».

Él entonces explicó: «Los sermones del pastor no elevan el espíritu. Como te digo, ¡no somos bendecidos! –y prosiguió–: Si quiere predicar tiene que hacer eso y no ponerse a hablar de fornicación y de la gente que tiene novias y todo eso... No es necesario».

Verás, este hombre casado estaba teniendo una aventura con una joven de su oficina y no quería que su pecado quedara expuesto. Puedo asegurar de que no había nada de malo con la predicación de aquel pastor. La fornicación es un tema de la Biblia que debe tratarse.

Tales cristianos pueden fácilmente abandonar la iglesia para evitar las confrontaciones de la Palabra de Dios, en vez de reconocer sus pecados y arrepentirse.

Cuando un creyente peca y reconoce su error, está en camino a ser sanado.

Reconoce el pecado en tu vida. Corrige los errores. Lucha contra todo pensamiento y hábito malvado. Esto te guardará en el Señor. El pecado es definitivamente la causa primaria de reincidencia.

Hijo mío, si los pecadores te quisieren engañar, no consientas.

Proverbios 1:10

Sin verdad

Mis padres me enseñaron que no hay que mentir. Durante toda mi infancia, mi madre me dijo que mi padre no mentía y que yo no debía hacerlo tampoco. Cuando crecí, se me hizo muy difícil decir una mentira.

Seis cosas aborrece Jehová, ... : Los ojos altivos, LA LENGUA MENTIROSA, las manos derramadoras de sangre inocente.

Proverbios 6:16, 17

A los mentirosos se los compara con gente malvada que derrama sangre inocente. Son cristianos renacidos que habitualmente mienten entre dientes. Le mienten a Dios y a los hombres sin siquiera pestañear.

Estad, pues, firmes, ceñidos vuestros lomos con la VERDAD, ...

Efesios 6:14

Este cinturón de la verdad es lo que mantiene a la armadura en su lugar. **La verdad, la honestidad y la sinceridad son cosas que mantienen íntegra tu vida cristiana. Sin sinceridad, tu vida cristiana se desintegrará y tú acabarás por volver atrás.**

Recuerdo haber estado en un culto junto con otros hermanos. Había una joven que profetizaba y entorpecía la reunión de tanto en tanto.

La joven poseída por el demonio

Ella se ponía de pie mientras el líder predicaba e interrumpía el servicio con largas profecías. Le ordenaba al pastor que detuviera la celebración de la Santa Cena. Esta joven profetizaba y hacía que toda la congregación se arrodillara y se pusiera de pie a su voluntad.

Muchos de los líderes eran inexpertos y no sabían qué hacer. De manera que ellos permanecían paralizados mientras la joven dominaba el culto. Me habían hablado de esta muchacha que controlaba las reuniones pero jamás la había visto personalmente.

Aquel día, me di cuenta de que estaba viendo una manifestación de un espíritu maligno «en vivo». Esta joven se puso de pie y comenzó a dominar el culto con sus profecías, tal como me lo habían descrito. De manera que me levanté de mi asiento y junto con un par de hermanos la acompañé hasta el sótano del edificio. Sabía que un espíritu maligno estaba controlando a esta joven. Apenas llegamos al sótano, los ojos de la joven se abrieron más y centelleaban.

Me miró fijamente y dijo: «¡No apagues al Espíritu!».

Podía ver a los demonios danzando en sus ojos. Esto me desorientó un poco mientras me preguntaba: *¿Estoy apagando al Espíritu?* Entonces reprendí: «Tú, espíritu maligno. En el nombre de Jesús te ordeno que te detengas y salgas de esta joven».

Ella comenzó inmediatamente a retorcerse y el espíritu se manifestó hablándonos con la voz de la joven. Nos dijo muchas cosas. No puedo dar todos los detalles de este episodio de liberación en este libro; sin embargo, hubo algo que me impactó y quiero destacarlo.

Le pregunté al espíritu demoníaco: «¿Cómo ingresaste en esta mujer?».

Y el espíritu me respondió: *«El cinturón de la verdad estaba flojo».*

Los demonios habían conseguido entrar en la vida de esta joven porque la armadura protectora de verdad, sinceridad y honestidad era deficiente en algún sentido.

No puedo decirte exactamente en qué se había aflojado el cinturón de la verdad de esta jovencita. Eso no es lo importante. Lo que a ti debe importarte es el estado de tu cinturón de la verdad.

Decir mentiras abre la puerta a los espíritus malignos

¿Eres honesto? ¿Eres sincero? Cuando cometes un error, ¿lo admites con facilidad? ¿Eres veraz contigo mismo y con Dios? Ten cuidado, porque hay muchas personas que se mienten a sí mismas todo el tiempo y dicen: «Estoy bien», cuando saben que no es así.

¡No te engañes! ¡Sé honesto y sincero! ¡Sé una persona sin dobleces! Jesús dijo: «Y conoceréis la verdad, y la verdad os hará libres». No te enojes cuando escuches la verdad. ¡La verdad es lo que necesitas!

Rebelión

Hay un pecado que la Biblia lo compara con la adivinación. Es el pecado de rebelión.

> **Porque como pecado de ADIVINACIÓN es la REBELIÓN, ...**
>
> **1 Samuel 15:23**

La rebelión es pelear contra la autoridad. La rebelión con frecuencia se camufla como la pelea por la independencia. Muchos así llamados luchadores por la libertad y la independencia son en realidad rebeldes descarados.

África, por ejemplo, ha tenido su buena parte de rebeldes. Ha habido rebeliones y levantamientos contra los gobiernos en todo el territorio africano.

Hay también muchos elementos rebeldes en la iglesia. Hay pastores rebeldes que se salen de su posición como pastor de departamento o pastor asistente, etc. Hay miembros de iglesia rebeldes que se salen del lugar dado por Dios dentro de la iglesia. (¡Puedo asegurarte que los rebeldes por lo general tienen razones muy espirituales para las cosas que hacen!)

La rebelión surge del corazón. Y todo hijo de Dios rebelde ha rechazado la autoridad legítima en su vida. El resultado es, por tanto, que terminan volviendo atrás. He conocido a cristianos que no quieren que nada, ni humano ni divino, les dé instrucciones respecto de sus vidas. La rebelión es un factor fundamental en el fenómeno que estamos analizando de las personas que vuelven atrás.

Fue la rebelión contra la autoridad de su padre lo que llevó al hijo pródigo a abandonar su hogar. La rebelión en el corazón del hijo pródigo lo llevó a comer con los cerdos. Estoy seguro de que no quieres acabar comiendo con cerdos. No seas un rebelde. Todos los rebeldes están destinados a acabar de una misma manera. **Pregúntale al hijo pródigo, pregúntale a Judás, pregúntale a Absalón, pregúntale a Adonías, pregúntale a Ahitofel, pregúntale a Simei y pregúntale a Lucifer qué les sucedió cuando se rebelaron.**

¡Todos los rebeldes van derecho al cumplimiento del juicio-EXECUCIÓN!

Necedad

El que confía en su propio corazón es NECIO; ...

Proverbios 28:26

Muchos cristianos hacen cosas necias. Se aventuran a andar en lugares donde solo van los necios. Hay situaciones y personas que te meterán en problemas. Algunas parejas de jóvenes solteros cristianos se codean con el desastre cuando se involucran en determinadas cosas.

A veces, durante el noviazgo, se puede hallar a algunos cristianos en situaciones «insalubres» luego de la medianoche.

Después, cuando estás embarazada antes de tu boda, te sorprendes de haber caído en pecado. ¿Por qué habrías de sorprenderte?

¿Qué es un almuerzo de negocios?

Para algunas damas, compartir una comida con hombres casados es su especialidad. Y la excusa que utilizan es que trabajan con ellos. «Es tan solo un almuerzo de negocios...», afirman. Pero lo cierto es que están jugando con fuego.

He visto a hermanos y hermanas en la fe que viven en el mismo departamento, e incluso en el mismo cuarto, para ahorrar dinero. Acto seguido, se «enamoran». Y antes de lo que canta un gallo, tienen un bebé. La necedad tiene un precio.

Todo me es lícito, pero no todo conviene...

1 Corintios 10:23

Algunas clases de conductas son indiscutiblemente necias. **Jamás deberías sobreestimar tu fortaleza espiritual.**

Dios siempre me está recordando que ser pastor no me convierte en un ser inmune ni especial. El Señor ha sido bien claro en cuanto a que me tratará de la misma manera que trata con los demás. De manera que no importa quién seas, si andas neciamente comportándote de manera absurda, volverás atrás. ¡Es tan sencillo como eso!

Los necios se mofan del pecado...

Proverbios 14:9

Capítulo 4

La psicología de volver atrás

La psicología del volver atrás se ocupa de la manera de pensar de aquellos que toman la decisión de volver atrás. Trata de las actitudes de un cristiano desertor. Como sabes, la Biblia dice que debemos guardar nuestro corazón sobre toda otra cosa, porque de él mana la vida.

> **Sobre toda cosa guardada, guarda tu corazón; porque de él mana la vida.**
>
> **Proverbios 4:23**

Volver atrás es una de las cuestiones de la vida. Y surge del corazón. Un pensamiento en el corazón se convierte en una actitud. Y una actitud se convierte en acción. Y estas acciones se transforman en modelos de conducta.

Démosle una mirada a las actitudes que se forman en el corazón de alguien que vuelve atrás. Son estas actitudes las que le otorgan una falsa confianza en su estado.

ACTITUD Nro. 1

«No soy yo solo. Hay otros que también vuelven atrás.»

He notado que una de las cosas que hacemos es encontrar a alguien más que esté en una situación parecida a la nuestra. Y cuando nos involucramos en algo, intentamos además atraer a otros (como el que se está ahogando que hunde a otros con él). Pero la Biblia dice:

> **... porque cada uno llevará su PROPIA carga.**
>
> **Gálatas 6:5**

Quizás te sientas confiado por el hecho de que hay otros que parecen estar portándose mal como tú. Pero esa es una falsa seguridad.

Recuerdo que en cierta oportunidad viajé a otra ciudad en Ghana a visitar a un hermano a quien recordaba muy celoso de las cosas del Señor. Lamentablemente, este hermano a quien llegué a considerar en el rango de los pastores había vuelto atrás, y había dejado a una joven embarazada. Ya no asistía a la iglesia con regularidad.

Cuando mi esposa y yo entramos a su casa, conversamos unos momentos y le preguntamos: «¿Cómo está tu vida espiritual?».

Y él respondió: «Ah, Dios es bueno».

Luego, cambió abruptamente de tema y nos preguntó si nos habíamos enterado de que un buen amigo en común había caído y había vuelto atrás gravemente.

Pero yo estoy mejor que él

«La condición del hermano Tal es muy desgraciada –se lamentó, y añadió–: ¿Se enteraron? Anda en malas compañías y ya no asiste más a la iglesia.»

Intentaba demostrarnos que la condición de este hermano era peor que la suya.

Mientras conducía de regreso a casa, le pregunté a mi esposa si ella había notado que este hermano sentía una especie de consuelo en el hecho de que nuestro amigo en común estaba en un estado peor al de él.

Puedes darte cuenta cuando la gente intenta consolarse a sí misma. Simplemente escucha lo que dicen. Expresan frases como: *«Hoy en día hay muchas personas que no van a la iglesia... La vida de la ciudad es muy agitada como para poder asistir a la iglesia con regularidad... Hay muchos cristianos que beben un poco de cerveza con las comidas...».*

Querido amigo, no te dejes engañar por la existencia de una multitud. Quizás pienses que todo el mundo está pecando tal como tú. **Pero cuando Cristo regrese, te sorprenderás muchísimo cuando veas que personas que creíste que te acompañarían al infierno, ¡pasan a tu lado rumbo al cielo!**

Un amigo una vez me contó un incidente que lo impulsó a ser un cristiano.

¡¿Qué?! ¿Eres cristiano?

Así narró su experiencia: «Yo era un hombre de la noche, iba a fiestas y tenía muchas novias. Un día, mientras iba a casa en el auto de un amigo luego de una de esas fiestas noté de pronto que el auto estaba muy silencioso.

»Así que decidí poner un poco de antigua música disco para alegrar un poco el ambiente. Tomé uno de los casetes de la parte delantera del auto y lo inserté en el pasacasetes. Para mi asombro, en vez de música, escuché a un predicador.

»Entonces exclamé: "¡Eh! ¿Qué es esto? ¿Desde cuándo escuchas estas cosas? ¿Acaso eres uno de esos nacidos de nuevo?

»Y él respondió: "Bueno... quiero asegurar mi vida"».

Mi amigo me contó que de inmediato se puso a pensar que si en aquel momento tenían un accidente de auto y ambos morían, el otro se iría al *cielo* mientras él... ¡se iría al *infierno*!

De repente se dio cuenta de que se había estado engañando al pensar que todos sus amigos eran pecadores empedernidos como él. Y en definitiva descubrió que la gente buscaba a Dios en secreto y se aseguraba un lugar en el cielo.

Mejor será que te asegures de hacer lo correcto. No te fijes en la multitud. Naces solo y morirás solo. Ni siquiera te fijes en tu esposo o esposa. Es muy raro que los cónyuges nazcan el mismo día. Y es todavía más difícil que mueran el mismo día.

Estarás ante Dios como individuo, solo. Jamás olvides esto.

ACTITUD Nro. 2

«Tengo mucho tiempo. No es cierto que Cristo vendrá pronto.»

A todo el mundo le causa gracia cuando decimos que Cristo viene pronto. Piensan que es una teoría pergeñada por algunos desquiciados.

Por el otro lado, algunos cristianos saben que la segunda venida de Cristo es una realidad. Sin embargo, no creen que vaya a suceder pronto. Al menos, no durante su vida. Suponen que pueden divertirse y olvidarse del futuro. No obstante, no tienen en cuenta que la venida de Cristo será un evento *inesperado.*

> **... el día del Señor vendrá así COMO LADRÓN EN LA NOCHE; que cuando digan: Paz y seguridad, entonces vendrá sobre ellos destrucción repentina, como los dolores a la mujer encinta, y no escaparán.**
>
> **1 Tesalonicenses 5:2-3**

Una mujer embarazada que está en fecha, puede estar perfectamente bien en un momento y, al siguiente, entrar en trabajo de parto. Sentirá fuertes dolores y nacerá un bebé. Así será la venida del Señor. Un día estará todo bien y al siguiente, se producirá un caos total en el mundo.

¡Jesús podría venir este viernes!

Jesús compara su venida con la llegada de un ladrón. Nadie está esperando a un ladrón. Recuerdo cuando, hace unos años, entraron ladrones en la casa de mi padre. Fue algo totalmente inesperado, pero sucedió. Todo el mundo se sorprenderá muchísimo cuando Jesús regrese.

Muchos dan por sentado el período de arrepentimiento de la gracia de Dios. Es más, para algunos este período de gracia no significa nada. **Este período de gracia se ha convertido para muchos en el tiempo para hacer lo que se les viene en ganas.**

Así piensan los que vuelven atrás. *¡Tengo mucho tiempo! ¡Muchísimo tiempo!*

Tal vez estés planificando tu boda. Pero quizás nunca se produzca. A lo mejor, los que están estudiando jamás lleguen a graduarse. De repente, la trompeta sonará y aquellos que hayamos sido lavados por la sangre del Cordero y estemos listos para el Salvador seremos levantados en las nubes para estar con Él para siempre.

ACTITUD Nro. 3

«Hay atajos para todo. También para ir al cielo.»

El mundo está bajo la ilusión de que hay atajos para todo. Lamentablemente, algunos cristianos también piensan así. Suponen que habrá algún atajo para llegar al cielo dado que, al parecer, existen atajos para todo.

¡Lo aprendí por las malas!

No puedes eludir los rudimentos cristianos e ir al cielo. No puedes evadir la cruz. Jesús dijo: «Toma tu cruz, y sígame». No hay un atajo que evite la cruz. Debes tomarla. Hoy en día, en esta época del café instantáneo, del té instantáneo y de los viajes en avión, todo el mundo quiere tener las cosas rápido, al instante, ya mismo.

Cuando estuve pupilo en una escuela, aprendí por las malas que debía evitar los atajos.

Como nosotros éramos los mayores, nos solicitaron que hiciéramos una limpieza general de la escuela. Conseguí una eximición de la tarea por parte del médico. Quedé eximido de cualquier obligación asignada durante los siguientes cuatro días.

Se me dio por comentar esto de la eximición de tareas con un amigo y, emocionado, le conté que no haría ningún trabajo duro por los cuatro días siguientes. Entonces fue cuando a él se le ocurrió una idea brillante.

Su sugerencia fue: «¿Por qué no escribes un "1" delante del "4" para que diga "14" en vez de "4"? ¡Tendrías 14 días de descanso!».

Pensé en su sugerencia y me dije: «¡Qué buena idea! Nadie lo notará».

El día en que conocí a mi primer Judas

Este amigo resultó ser el primer Judas que encontraría en mi vida.

Apenas acepté su sugerencia y cambié el «4» por un «14», este mismo amigo me acusó ante los superiores. Les dijo que yo había fraguado mi eximición de tareas.

Todos saltaron sobre mí para señalar mi error y se volvieron en mi contra. Puedo asegurarte que sufrí muchísimo por aquel error. En primer lugar, los cuatro días fueron cancelados. Me encargaron los trabajos más duros. Y me dieron un castigo adicional.

En aquel entonces decidí: *No más atajos en mi vida.* Hace muchísimo tiempo que me di cuenta de que no hay atajos para llegar al cielo. Debo hacer todo el recorrido.

Podemos pensar que hay una manera más corta de llegar al cielo, pero hay un solo camino para hacerlo. No es por medio de Alá ni del Islam ni del fetichismo ni del encantamiento ni de la meditación. Solo se llega aceptando al Señor Jesucristo como tu Salvador personal y naciendo de nuevo. No hay atajos.

En el mundo secular, los empresarios sabios son cautelosos ante cualquier plan para hacerse rico rápidamente. Sin embargo, hay muchos que no se cansan de probar un plan tras otro. De manera que aprovechan cada oportunidad que tienen de hacer dinero fácil.

Ellos dijeron: «Tu iglesia se enriquecerá»

Una vez vino alguien a ofrecer que nuestra iglesia se asociara a un nuevo banco con el que se enriquecería rápidamente.

Él explicaba: «Como iglesia en crecimiento, necesitarán mucho dinero para completar el proyecto de edificación».

De inmediato, respondí: «Suena demasiado bueno para ser cierto y demasiado rápido para ser real».

Así que no nos sumamos.

Pocas semanas más tarde, me enteré que aquel nuevo banco había desaoa. Muchas personas perdieron su dinero. Incluso me enteré que algunas iglesias habían perdido grandes sumas de dinero por haber ahorrado allí.

La Biblia dice que el Reino de los cielos es como una semilla de mostaza, que necesita tiempo para crecer y convertirse en un gran árbol. Cuando colocas la semilla en la tierra, esta necesita pasar por el largo proceso de morir y crecer antes de llevar fruto.

Lamentablemente, algunos queremos huir de los procesos de morir y crecer. **No puedes esperar poner dinero en la ofrenda y pretender que todo te va a ir bien. No puedes evadir la realidad de ayunar, orar, tener comunión y ser testigo. ¡Estos son estándares bíblicos que simplemente no podemos evitar!**

ACTITUD Nro. 4

«Dios me ama demasiado como para castigarme.»

He escuchado a cristianos afirmar que Dios jamás los castigará a ellos. Citan: «Porque de tal manera amó Dios al mundo…»

Argumentan que dado que Dios ama tanto al mundo Él no va a destruirlos. Dicen: «Sé que Dios me va a perdonar». Por eso, suman un pecado tras otro sin siquiera inmutarse.

Las dos caras de la moneda

La naturaleza de Dios es como las dos caras de una moneda. Una cada muestra la cabeza y la otra cara muestra la cola. **Un lado del carácter de Dios muestra su gran amor y el otro lado muestra su juicio.**

Una hermana en Cristo contaba de una mujer que estaba teniendo un romance con el marido de su mejor amiga. Como ambas eran buenas amigas, conversaban frecuentemente por teléfono. Cada vez que esta mujer adúltera colgaba el teléfono decía: «Oh, Dios, perdóname por lo que estoy haciendo».

Lo más extraño de todo es que ella no dejaba de destruir el matrimonio de su amiga. Algunas personas creen que Dios no va a castigarlos. Por eso persisten en el pecado.

Cuando Dios te muestra un lado de su carácter, puedes ver amor, perdón y misericordia de la mejor. Dios perdonará y olvidará tus pecados. **Pero llegará el día en que Dios te mostrará el otro lado de su naturaleza;** la cual es juicio, justicia, equidad y jurisprudencia. Estos son los dos lados de la naturaleza de Dios. Ahora estamos en la dispensación de la gracia. Dios te está mostrando misericordia y amor.

Piensas en todos los terribles pecados cometidos, pero continúas recibiendo su perdón divino. En determinado momento, el Espíritu del Señor no luchará más a favor del hombre. Dios deberá juzgarte, si no, habrá caos en el Reino.

El rey con el juicio afirma la tierra...

Proverbios 29:4

Dios te ama tanto que te castigará cuando deba hacerlo.

ACTITUD Nro. 5

«Tengo tiempo. Todavía no voy a morirme.»

Las personas suelen pensar que porque son jóvenes todavía cuentan con mucho tiempo. Incluso piensan que les resta mucho tiempo de vida como para ponerse a cuentas con Dios.

Escribí este libro en la época en que todo el mundo conmocionó ante la noticia del fallecimiento de la princesa Diana y su compañero millonario. A nadie se le habría jamás ocurrido que alguien tan joven, tan bella y encantadora podría ser arrebatada de la faz de la tierra de esa forma repentina.

La seguridad del vehículo Mercedes Benz blindado con airbags (bolsas de aire) todo alrededor no pudo prevenir la muerte de esta dama en un accidente automovilístico en París. Como te digo, ¡nadie esperaba una cosa semejante!

Todos piensan que hay tiempo. Estoy seguro de que la princesa Diana pensó que le quedaban muchos años por delante todavía. Todos creíamos eso. Sin embargo, no fue así. Por eso el mundo se conmocionó ante la noticia. **No es seguro asumir que tenemos mucho tiempo.** La Biblia nos advierte que dado que no sabemos el día ni la hora en que Cristo vendrá, debemos estar *preparados* todo el tiempo. La palabra clave en esto es preparación.

> **... de esta manera te haré a ti ... porque te he de hacer esto, PREPÁRATE para venir al encuentro de tu Dios...**
>
> **Amós 4:12**

En Lucas 12, la Biblia relata la historia de un hombre que tenía un negocio exitoso. Tenía tanto que se preguntaba qué hacer con las ganancias. Entonces decidió construir graneros más grandes para almacenar sus posesiones. En nuestra época esto equivaldría a abrir otras cuentas bancarias. Cuando acabó con sus proyectos se dijo: «Alma, muchos bienes tienes guardados para muchos años; repósate, come, bebe, regocíjate».

Ven a un encuentro

Dios reaccionó inmediatamente desde el cielo y dijo: «... Esta noche vienen a pedirte tu alma». En otras palabras, esta noche quiero hablar contigo. **Dios tiene el derecho a llamarte para debatir en cualquier momento.** Aquí Dios nos está demostrando que hay tan solo un paso entre nosotros y la muerte.

Hay tres veces en la vida en las que las personas se reúnen para honrarte. Se reúnen cuando naces y te presentan ante Dios en la iglesia. Después se reúnen otra vez cuando te casas. Y por último, definitivamente también se reunirán a causa tuya cuando mueras. Alguien podría debatir que ella o él es demasiado joven para morir. Pero ve a un depósito de cadáveres, y descubrirás que incluso los bebés pequeños mueren. Una vez que yo estaba en la sala de un hospital con uno de mis pastores asistentes, casualmente vimos el cuerpo de un bebé pequeño que acababa de morir. Murió aunque era un bebé pequeñísimo que apenas había empezado a vivir. **Ese bebé no era demasiado joven para morir.**

Querido amigo cristiano, no pospongas tus obligaciones divinas porque creas que todavía estás joven y que hay más tiempo. **Nunca sabes cuándo Dios te llamará para pedirte cuentas de tu vida.**

Querido amigo cristiano, no pospongas tus obligaciones piadosas solo porque piensas que eres joven y tienes tiempo por delante. Nunca sabrás cuándo Dios te mandará a llamar para que rindas cuentas de tu vida.

> **… de esta manera te haré a ti … porque te he de hacer esto, PREPÁRATE para venir al encuentro de tu Dios…**
>
> **Amós 4:12**

Capítulo 5

Los síntomas de volver atrás

Entonces habrá SEÑALES ... cuando veáis que suceden estas cosas, SABED ...

Lucas 1:25-31

En medicina, un síntoma o una señal es la manifestación externa de algo peligroso. Con frecuencia, cuando estás buscando algo escondido, procuras hallar pistas que te orienten. Los síntomas y las señales ayudan a los médicos a realizar un diagnóstico correcto.

Los síntomas revelan la condición

Un síntoma carece de significado para el que no sabe, pero es importante para el entendido. Un síntoma detectado a tiempo puede salvar una vida. Cuando un médico detecta determinadas señales, sabe que la vida del paciente está en peligro. Sin embargo, una persona cualquiera no tiene idea de lo que está sucediendo.

Cuando la mano del paciente presenta determinadas señales es un indicador de que padece una grave enfermedad hepática. **¿Qué tiene que ver la mano con el hígado siendo que están tan alejados la una del otro?** Sin embargo, quizás te sorprenda saber que una mano que tiembla y se sacude podría indicar falla hepática. Para el no conocedor, una mano que tiembla parece un espasmo pasajero. Incluso algunos podrían llegar a creer que es ¡una señal de la unción!

El páncreas se halla localizado en las profundidades del abdomen. ¿Cómo puedes saber si el páncreas funciona o no correctamente? La única manera de saberlo es observar determinados síntomas o señales.

Una vez noté que una persona de mediana edad con sobrepeso tomaba mucho líquido y orinaba con frecuencia. Como médico de inmediato pensé: «Quizás sea diabética y ni siquiera lo sabe. Algo no anda bien en su páncreas». Fue una señal importante para mí.

Cuando eres instruido en determinado campo, notarás cosas que los otros no.

A través de la lectura de este libro, aprenderás algunos de los síntomas que indican que una persona está volviendo atrás en el aspecto espiritual. ¡Y esta persona puedes ser tú! Quizás te vuelvas espiritualmente alerta y no des algunas cosas por sentadas luego de la lectura de este capítulo.

Síntomas del alma

Así como los científicos buscan señales para conocer lo que sucede en el CUERPO de un hombre, debemos también fijarnos en las señales que nos revelan lo que está sucediendo dentro del ALMA de un hombre.

La temprana detección de algunos de estos síntomas puede salvar al creyente de volver atrás y terminar en el infierno. Estar al tanto de la existencia de estos síntomas podrá darte poder para la carrera cristiana.

¡No tiene sentido asistir con regularidad a la iglesia, conocer al Señor y acabar muriendo como alguien que ha vuelto atrás! ¿Por que habría yo de pasarme la vida predicando para acabar como un náufrago? ¿Por qué servir al Señor hoy y al diablo mañana?

Esta es la imagen de lo que les sucedió a las cinco vírgenes necias (Mateo 25). Eran todas vírgenes, las diez, pero cinco eran necias y cinco, sabias. En determinado momento todas tenían aceite. Más tarde, cuando realmente era importante, algunas no tuvieron. Quizás el año anterior todas eran celosas y ungidas con aceite; pero al final de este, algunas lo habían desperdiciado.

Estoy enseñando sobre los síntomas y las señales del volver atrás, porque muchos cristianos no los tienen en cuenta. Si detectas alguno de estos síntomas en tu vida, tienes que saber que puedes ingresar en un camino peligroso de destrucción.

Continúa leyendo.

Malas compañías

La experiencia en el ministerio me ha enseñado a prestar atención cuando un cristiano anda en malas compañías. Es un muy mal síntoma con pésimo pronóstico. Las *malas* compañías eventualmente te llevarán a *malos* lugares. Cuando ves a un cristiano que tiene malos amigos, sabes que un día se irá de la iglesia.

> **Las malas compañías corrompen las buenas costumbres.**
>
> **1 Corintios 15:33 (LBLA)**

Hay un dicho que expresa: «Dios los cría y ellos se juntan» y otro que expresa: «Son tal para cual».

Un proverbio ghanés dice algo así como: **«Muéstrame tus amigos y te mostraré tu carácter».** Esto significa que podemos decir qué clase de persona eres sencillamente al ver la clase de amigos que tienes.

Dentro de toda iglesia grande hay pequeños grupos de cristianos. Cuando observas estos grupos, descubrirás que son personas que se parecen entre sí. Los amigos con los que andes te llevarán a la iglesia o a malos lugares.

Si eres un verdadero creyente y quieres permanecer en Cristo, entonces necesitas tener buenos amigos. Deben ser auténticos cristianos renacidos que asistan a una iglesia «renacida». Deben creer lo que tú crees.

Deben ir juntos a la iglesia. Tus amigos no deberían tener nada en contra de que asistas a la iglesia. Si lo hacen, ¡no deberían ser tus amigos!

Conviértelos antes de que te conviertan

Si conservas las malas amistades, ellos finalmente te convertirán a ti, a menos que tú los conviertas a ellos. En mi escuela (Achimota) tenemos este dicho: **«Conviértelos antes de que te conviertan»**. Es una advertencia a que influyas en tus amigos ¡antes de que ellos influyan en ti!

La manera de tratar con las malas compañías es convertirlos y llevarlos a los pies de Cristo antes de que te hagan tropezar y volver atrás.

Debes darte cuenta de que esto exige muchísima sabiduría y si no eres un cristiano firme, no intentes convertir a tus malos amigos porque ¡puedes caer!

¿Puede tu esposa ser mala compañía?

Algunas personas no se dan cuenta de que la persona con la que se casan será su compañía el resto de sus vidas y que esta «compañía marital» te afectará sin dudas. Por esta razón el rey Salomón, el que construyó el templo y logró grandes cosas para el Señor, finalmente cayó y volvió atrás. La Biblia nos dice que sus esposas hicieron que su corazón se apartara de Dios. **Las esposas de Salomón fueron una mala compañía para él.**

No necesitas exponerte a las circunstancias de las malas compañías. No eres más ungido que Salomón. Si la Biblia advierte que las malas compañías pueden arruinar tu vida, ¡mejor será que lo creas y te salves!

Toda esposa afecta a su esposo, y todo esposo tiene una gran influencia sobre su esposa. Seas quien seas, tu esposa influirá en tu forma de pensar. Si tu esposo piensa de determinada manera, con el tiempo, acabarás pensando de la misma manera.

Recuerdo a una dulce viejecita que no tenía nada en contra de las otras razas. Sin embargo, luego de estar casada muchos años con un racista, comenzó a manifestar prejuicios.

Si tu esposa no desea que estés en el ministerio, no estarás en el ministerio. Lo sé por experiencia. Si mi esposa se hubiera opuesto a mi tarea ministerial, no creo que hubiera sido capaz de llegar adonde llegué. Por eso me preocupa mucho ver con quién se van a casar mis pastores.

Las malas compañías, sean amigos, hermanos o cónyuges, te harán volver atrás.

¡Evítalas!

Mirar atrás

En Génesis 19, podemos estudiar el testimonio de Lot y su esposa. Dos ángeles habían sido enviados a Lot y a su familia en Sodoma y Gomorra. El mensaje fue sencillo:

> **… Escapa por tu vida; NO MIRES TRAS TI, … no sea que perezcas.**
>
> **Génesis 19:17**

Sin embargo, la Biblia nos cuenta que la esposa de Lot miró atrás y se convirtió en estatua de sal.

Jesús también nos recuerda el terrible error cometido por la esposa de Lot mientras escapaba de Sodoma y Gomorra.

Ella fue el único miembro de la familia que miró atrás, a su pasado. Podemos relacionar esto con los creyentes que vuelven atrás porque siguen mirando atrás, al mundo y a todo lo que este tiene para ofrecerles.

Como creyentes renacidos, Dios nos ha librado a todos del pecado y es importante que no miremos atrás.

Salí con muchos hombres

Siempre recuerdo la historia de una mujer que se paró frente a un grupo cristiano a dar su testimonio. Felizmente expuso lo que había hecho cuando no era creyente:

«Solía salir con muchos hombres. Salíamos de fiesta a los bares y a las discos. Pasaba la noche bailando con ellos. Era genial. –contaba con una emoción en su voz imposible de ocultar–: Con ellos viajé por todo el mundo y la pasábamos muy bien juntos. –Entonces bajaba la voz y añadía con tristeza–: Pero ahora soy salva y aquí estoy, en la iglesia.»

Para ella, la salvación era algo «malo» que le había sucedido. Era como si ser salvo fuera una experiencia desafortunada. Esta mujer miraba hacia atrás, a los autos lujosos, los restaurantes chinos y los «buenos» momentos que había disfrutado siendo no creyente. **Si continúas pensando y recordando tu vida pecaminosa pasada con nostalgia, ¡acabarás convirtiéndote en una estatua de sal!**

Cuando ves a una mujer casada que habla con emoción de sus anteriores novios, estás ante una mujer que no es feliz en la condición actual.

Lo más probable es que desee volver con sus «fabulosos» muchachos.

Si persistes en mirar hacia atrás, acabarás volviendo atrás. Y si sigues mirando atrás, caerás.

Yo miro hacia adelante y mi intención es avanzar en la obra de Dios. Como médico dedicado al ministerio de tiempo completo, podría mirar atrás y considerar volver a la práctica de la medicina.

Hay ocasiones en que recuerdo el olor particular que hay en los hospitales. Recuerdo también los días en que recorría las salas y los pacientes me llamaban: «Dr. Mills», «Disculpe, Dr. Mills». Pero no miro hacia atrás. **Voy hacia adelante y predico, enseño y planto iglesias en todo el mundo.** No tengo intenciones de regresar a la práctica de la medicina de tiempo completo.

Si tu corazón anhela *regresar al pasado* o *mirar atrás*, entonces estás manifestando uno de los peligrosos síntomas de volver atrás. Vuélvete al Señor y pídele que te ayude a «matar» ese interés por el pasado. ¡Déjalo morir!

Excesiva confianza en uno mismo

Una persona que confía demasiado en sí misma es alguien que depende en exceso de sus propias capacidades. Es peligroso tener excesiva confianza en uno mismo cuando se es cristiano. Confiar en demasía en la propia rectitud y en la propia espiritualidad es una mala señal.

... el que PIENSA ESTAR FIRME, mire que no caiga.
1 Corintios 10:12

Si te consideras o piensas que tu posición en Cristo es infalible, estás en peligro de volver atrás; en especial si te han dado un cargo en la iglesia o has sido usado por Dios en el pasado.

He escuchado a algunos cristianos alardear diciendo: «Yo jamás voy a fornicar. Sencillamente no puedo hacerlo». Esto es tener excesiva confianza en uno mismo. Me hace recordar a un hermano de mi iglesia que venía cada tanto a decirme: «Pastor, su iglesia es tan buena que jamás me iré de Lighthouse Chapel». Él hablaba con mucha convicción sobre su compromiso conmigo y con la iglesia. Pocos meses más tarde, se fue de la iglesia y jamás regresó.

Satanás se ríe de los cristianos que alardean

Cuando un cristiano persiste en alardear sobre su fortaleza, Satanás lo escucha y decide ponerlo a prueba. Esa persona es un candidato a volver atrás.

En aquello que hayas manifestado mayor confianza es en lo que quizás eres más débil porque bajaste la guardia.

Incluso puedes decir que un cristiano está muy confiado en sí mismo por la manera en que habla de las debilidades de los demás. He escuchado a algunos cristianos que critican a otros como si ellos jamás fueran a cometer los mismos errores. Sobreestiman su propia capacidad y minimizan las de los otros.

No te rías de ellos

Necesitas ser humilde porque de lo contrario, para tu sorpresa, un día te encontrarás en el lugar de ellos. Permanecer en el camino tiene mucho que ver con la gracia de Dios. No es por tus propias fuerzas.

Cuando David se enteró de que Saúl estaba muerto, no lo ridiculizó ni se alegró por su muerte. David podría haber arremetido contra Saúl y criticarlo a más no poder en aquel momento. Podría haber aprovechado la oportunidad para decir que Saúl había sido desobediente y terco. Podría haber argumentado qué fue lo que llevó a Saúl a su caída. Sin embargo, David declaró:

No lo anunciéis en Gat, ni deis las nuevas en las plazas de Ascalón…

2 Samuel 1:20

Aunque David no había tenido un problema con la terquedad y la desobediencia, no se aventuró a denunciar a su predecesor debido a sus propias debilidades. Todos debemos aprender algo de su ejemplo.

… el que PIENSA ESTAR FIRME, mire que no caiga.

1 Corintios 10:12

Terquedad

El otro síntoma del volver atrás es la tozudez. Una persona terca es propensa a la caída.

De sus caminos será hastiado el necio de corazón…

Proverbios 14:14

Si conoces a un cristiano terco que no acepta el consejo sino que siempre hace lo que quiere a pesar de lo que le advierten, estás frente a alguien propenso a volver atrás.

Entre tanto, mi pueblo está ADHERIDO A LA REBELIÓN contra mí…

Oseas 11:7

Muchas veces me pasa que aconsejo a un cristiano y cuando termino noto que sigue convencido de lo que él pensaba. Quiere seguir en la suya. Todos precisan ser aconsejados. La Biblia dice que en la multitud de consejeros está la sabiduría.

Mejor es el muchacho pobre y sabio, que el rey viejo y necio que no admite consejos.

Eclesiastés 4:13

Recuerdo haberle aconsejado a una joven que no siguiera adelante con una relación insalubre.

¿Eres distinta de las demás chicas?

Le pregunté: «¿Por qué crees que tú eres distinta de las otras muchachas que él ha dejado? Tuvo 17 novias y tú eres la número 18. La única diferencia entre tú y las otras es que eres la nueva para él. Pero llegará el día en que se canse de ti, como de las demás y te rechazará». A pesar de esta advertencia, ella siguió con él.

¿Hay alguien que haya sido poderosamente bendecido por Dios a pesar de haberse comportado de manera rebelde y terca? ¡Jamás! **La terquedad hacia Dios, a su Palabra, a sus pastores y hacia el consejo bíblico es una señal de que la vuelta atrás es algo inminente.**

Sorpresas cristianas

Hay algo a lo que yo denomino *«sorpresas cristianas»*. Me refiero a las sorpresas exclusivas de la experiencia cristiana. **Hay impactos que experimentas a lo largo de tu andar cristiano.** Lamentablemente, algunas personas quedan tan aturdidas por lo que ven y escuchan en la iglesia que esto realmente los hace caer.

A medida que maduramos como cristianos, nos encontraremos con estas sorpresas cristianas. La mayoría somos bastante ingenuos cuando nos convertimos. Creemos que hemos llegado a un mundo perfecto.

Por tanto, cuando uno de estos santos nacidos de nuevo nos decepciona, nos asombramos. No podemos creer que sea cierto. Pero la Biblia dice que no debemos asombrarnos. Un cristiano impactado o asombrado fácilmente puede apartarse de la fe.

... si hacéis el bien, sin TEMER ninguna amenaza.

1 Pedro 3:6

... Ustedes son hijas de ella si hacen el bien y viven sin ningún temor.

1 Pedro 3:6 (TLA)

Estar en estado de choque es una condición muy peligrosa. Cualquier buen médico que ve a un paciente en estado de choque sabe que se halla ante alguien que puede morir en cualquier momento. Cualquier pastor experimentado que ve a sus miembros en estado de choque y sorpresa ante algo que haya pasado en la iglesia, también sabe que está ante un miembro que fácilmente puede caer.

¡Todos los líderes son humanos!

Una de las cosas que puede hacer que los cristianos se aparten es la desilusión provocada por un líder cristiano. A veces, tu líder puede decepcionarte en gran manera. Sansón, David, Pedro y otros líderes poderosos cometieron errores. Eso podría haber desilusionado a sus seguidores y hacerlos volver atrás.

La Biblia dice que los pastores no deben ser glotones, presuntuosos ni prepotentes en su autoridad hacia los demás. Deja bien en claro que los pastores no deben ir tras el dinero ni tras las mujeres. Se supone que los ministros de Dios hagan su trabajo de corazón.

El simple hecho de que la Biblia mencione estas cosas implica que los líderes cristianos *pueden* hacerlas (y las *han* hecho).

En estos días, una de las actividades preferidas de la prensa es escribir historias acerca de hombres de Dios que han caído.

Algunos pastores se han involucrado en escándalos sexuales, de dinero o se manifestaron como disidentes.

Los cristianos se han sorprendido ante semejante conducta por parte de personas que ellos han amado y a las que han estado tomando como referencia durante tantos años. Esta conducta sorprendente con frecuencia desestabiliza a los hasta ahora creyentes «estables». Sin embargo, recordemos lo que dice la Palabra de Dios:

> **... y nada hay nuevo debajo del sol. ¿Hay algo de que se puede decir: He aquí esto es nuevo? Ya fue en los siglos que nos han precedido.**
>
> **Eclesiastés 1:9,10**

Si a lo largo de tu vida cristiana has puesto tu confianza en un hombre, entonces es muy probable que vayas a sufrir una decepción.

Fija tus ojos en Jesús

Pablo dijo: «Imítenme a mí, como yo imito a Cristo» (1 Cor. 11:1, NVI), lo cual significa que solo puedes seguir a un líder cristiano si este sigue a Cristo. **Muchas veces le digo a mi iglesia: «El día en que yo deje de seguir a Cristo, ese día dejan de seguirme».**

Recuerdo cuando algunos hombres de Dios de los Estados Unidos cayeron en pecado y muchos cristianos se apartaron de la fe junto con ellos. ¿Por qué pasó esto? Experimentaron una sorpresa cristiana. **Pero no tenían que haber caído también. Si fijas tus ojos en Jesús** (lo miras a Él), **serás un cristiano estable.**

Los cristianos pueden también sorprenderse cuando oran pero no obtienen las respuestas que esperaban. Un miembro muy querido de la familia puede tener una enfermedad terminal o quizás estuviste orando para que tu esposo fuera salvo y va de mal en peor. Fácilmente puedes sentirte sorprendido e impactado de que Dios haya ignorado tus oraciones.

¡No te sorprendas! No lo sabes todo. ¡Espero que estés al tanto de *eso*! Estás todavía en proceso de aprendizaje, creciendo en el Señor.

¡Yo me sorprendí!

Recuerdo la vez que viajaba hacia Tamale, una ciudad al norte de Ghana. Yo conducía y me acompañaban los pastores de nuestras delegaciones en Kumasi y Zurich además de un pastor aprendiz canadiense. En la autopista, de repente se me cruzaron dos ciclistas.

Clavé los frenos para no atropellarlos. Debido a eso, mi auto comenzó a derrapar y en menos de los que canta un gallo estábamos dando vueltas por el aire. Finalmente el automóvil se detuvo a unos 30 metros del camino con las ruedas para arriba.

Una vez que salimos todos y comprobamos que estábamos ilesos, debo reconocer que me sorprendí y hasta me enojé con Dios. ¿Por qué había permitido Dios que nos sucediera una cosa semejante? ¿Acaso no sabía Él que éramos todos pastores que viajábamos solo para hacer más de Su obra?

No obstante, pocos días después, el Espíritu de Dios me ministró algunas cosas en privado.

Una de las cosas que me dijo fue: En vez de enojarte o sorprenderte, deberías de estar agradecido porque permití que esto ocurriera para atraer tu atención a algo muy importante para tu vida y ministerio.

Quizás no lo comprendas ahora, pero cuando crezcas en Cristo, lo entenderás cada vez mejor.

Sorprendentemente, ¡Jesús no sanó a todos!

Cuando Jesús estuvo en este mundo, Él no sanó a todos. Jesús fue al estanque de Bethesda, un lugar donde había muchísimas personas enfermas. (Sería el equivalente a nuestros hospitales.)

Sin embargo, solo sanó a un hombre allí, a aquel que había estado enfermo por 38 años.

¿Por qué no sanó a ningún otro? Jesús dijo: «Mi Padre trabaja y yo trabajo». Quiso decir que Él hacía exactamente lo que su Padre estaba haciendo. ¿Debería sorprendernos esta manera de actuar de Cristo? **Debemos aprender a confiar en la soberanía de Dios y no enojarnos con Él.**

¡Los discípulos se sorprendieron!

El arresto y la crucifixión de Cristo *sorprendieron* a los discípulos. Una semana antes, Él se había montado en un burrito y las multitudes lo habían vitoreado. Lo aclamaron y cantaron: «¡Hosanna … Bendito el que viene en el nombre del Señor!».

Los discípulos sabían que Él era un gran hombre. Pero una semana más tarde, lo crucificaron como a un asesino común.

Debieron de sorprenderse mucho. Como bien sabemos, estos discípulos asustados, sorprendidos y desilusionados abandonaron a su Salvador y fueron esparcidos. Esto es el equivalente de volver atrás.

Yo traté de no sorprenderme

Desde que me convertí en pastor, el estilo de vida, los hábitos y las prácticas de algunos líderes cristianos me han sorprendido. Pero he aprendido a no sorprenderme más. Lo que ha sido todavía más desconcertante es la *dualidad* de algunos ministros. Recuerdo a uno que hablaba de la fornicación como si fuera un hábito diario en su vida. Pero este hombre era pastor de una iglesia. Vez tras vez, tuve que hacer un esfuerzo consciente para no asombrarme por lo que sucede a mi alrededor. De otra manera, a estas alturas ya habría dejado el ministerio.

Toma la decisión de no sorprenderte, asombrarte, sentirte aturdido ni desconcertado, ni tampoco enojarte con algunas de las cosas que ves en la cristiandad. Manténte enfocado en Cristo y en Su Palabra.

Ofenderse con facilidad

Cuando te encuentras con alguien que es muy susceptible, que se ofende o se siente lastimado con facilidad, estás ante alguien que posiblemente vuelva atrás.

Recuerdo la vez que visitamos a una hermana, miembro de la iglesia, que hacía mucho no asistía. Queríamos saber por qué no venía más.

Nos dijo que en cierta oportunidad en que había llegado tarde, los ujieres la hicieron sentar en el lugar equivocado y luego la hicieron cambiar de asiento. Esto le ocurrió más de una vez. De manera que se había ofendido y decidió no volver a la iglesia nunca más. Esta persona se había ofendido por un ujier inexperto y sencillamente decidió abandonar la iglesia. ¡Imagina eso!

Algunos miembros de la iglesia se irritan porque el pastor no se acuerda de sus nombres. Otros se ofenden porque el pastor no los saludó al encontrarlos en la calle. Piensa un poco… ¿por qué habría el pastor de, en forma deliberada, negarle el saludo a un miembro de su iglesia? ¿No será que no te reconoció o simplemente no te vio? ¡Piénsalo por un instante!

Es muy difícil vivir con alguien susceptible

Si te casas con alguien susceptible, siempre tendrás problemas. Son el tipo de persona que dice: «¿Por qué no sonríes?; Yo puse mi cepillo de dientes al medio, ¿por qué lo moviste a la derecha?; ¿Por qué está tan mojada la toalla? ¡No la apoyes sobre la cama!; ¿Por qué dejaste mis zapatos aquí en vez de allá?». Es muy difícil vivir con personas así. No son solo personas difíciles para tener como pareja en el matrimonio sino que además son miembros conflictivos para el pastor. ¡Incluso pueden llegar a sentirse ofendidos con Dios mismo!

Mi padre murió mientras yo oraba

Si yo hubiera sido fácil de ofender, no hubiera podido continuar en el ministerio. Hace algunos años, viajé desde Ghana a iniciar una iglesia en Zurich. Mientras yo ayunaba y oraba para establecer una obra de Dios, mi padre se moría allá en mi hogar en Ghana.

Durante toda la semana previa a su muerte, él había estado gravemente enfermo pero no me habían informado de lo que pasaba. De repente, al día siguiente de haber acabado el ayuno y oración de 5 días con sus noches, mi padre falleció alrededor de las 11 de la mañana.

Uno de mis pastores asociados me llamó para informarme lo sucedido. Me produjo un fuerte impacto y una enorme sorpresa. Al colgar el teléfono, lloré como un niño.

Tenía toda la razón de estar ofendido con Dios. ¿No estaba yo en el campo de la misión, llevando a cabo *su* obra? Me consolé a mi mismo pensando que con el tiempo lo comprendería mejor y, sinceramente, no me desilusioné del ministerio. ¡Sigo adelante!

Si un cristiano se siente lastimado con facilidad, ¡es muy probable que vuelva atrás!

Capítulo 6

Más síntomas…

Ser olvidadizo

Dios advirtió a los hijos de Israel: «… y TE OLVIDES de Jehová tu Dios, que te sacó de tierra de Egipto…».

Deuteronomio 8:14

Los cristianos se apartan de Cristo porque se olvidan de dónde han venido. Se olvidan que su fuente es Cristo. Jamás debes olvidar que es Cristo quien te ha dado tu lugar y te ha bendecido.

No olvides de dónde vienes

Muchos nos hemos olvidado de lo que solíamos ser. Nos hemos olvidado de lo que era tener resaca a la mañana.

Nos olvidamos lo que era que nuestras novias se enfrentaran. Nos hemos olvidado lo que es el temor de haber contraído gonorrea o SIDA.

Ahora recordemos de dónde nos trajo el Señor. Cuando compramos el primer edificio para la iglesia estábamos tan emocionados… Desfilamos desde el hospital Korle-Bu en Accra hacia nuestra nueva sede cabecera cantando y danzando. El edificio era un antiguo cine que reconstruimos hasta transformarlo en una hermosa catedral. ¡Hasta hicimos payasadas ante el Señor!

Alguien que me vio en el video más tarde, se rió y dijo: «Da la impresión de que ese viejo cine significaba mucho para ti». Y le respondí: «No sabes de dónde me ha traído el Señor. Jamás lo he olvidado y no tengo intenciones de hacerlo».

Muchas iglesias han olvidado la visión y los principios de sus fundadores. Se olvidaron de los ideales y de las normas que defendieron los fundadores. Por esa razón muchos están en condiciones de volver atrás. **Si algunos de los fundadores**

de las iglesias se levantaran de la tumba hoy, creo que no se harían miembros de las iglesias que fundaron. Incluso hasta es probable que los líderes actuales los rechacen.

Siempre trato de recordar por qué llegué al ministerio. ¿Por qué abandoné la respetada y noble práctica de la medicina para sumarme a la muchas veces controvertida y ridiculizada tarea de ser pastor?

Mi motivación original era la de ganar almas. Mantengo este objetivo frente a mí y prosigo adelante con la idea de ganar más almas. Si me olvido de eso, fácilmente puedo deslizarme hacia la educación, la medicina, el trabajo social o incluso la política. Cualquiera que se olvide puede deslizarse involuntariamente hacia cosas en las que jamás quiso involucrarse.

No ayunar

El ayuno previene que el creyente vuelva atrás. En la Biblia, la palabra asociada con ayuno es *aflicción*. Es más, la palabra aflicción puede muy bien reemplazar a la palabra ayuno.

> **¿Para qué AYUNAMOS, ... ¿Para qué nos AFLIGIMOS...**
>
> **Isaías 58:3, NVI**

> **AFLIGÍOS, y lamentad, y llorad...**
>
> **Santiago 4:9**

> **Antes que fuera AFLIGIDO, yo me descarrié, mas ahora guardo tu palabra.**
>
> **Salmo 119:67, LBLA**

¿De qué manera te afliges? Según el salmista, una de las maneras en que puedes afligirte es ayunando.

¡El ayuno te mantiene en el camino!

Él dijo que antes de ayunar se descarrió, pero cuando ayunó fue capaz de guardar la Palabra de Dios y permanecer en sus caminos.

Luego en el Salmo 119:71 él dice: «Me hizo bien haber sido afligido, porque así llegué a conocer tus decretos». ¿Crees acaso que Dios está diciendo que es bueno estar enfermo? Aflicción es ese sentido no se refiere a enfermedad. En este contexto Dios dice que es bueno que el cristiano ayune.

¡El ayuno te hace ser humilde!

Otra palabra asociada al ayuno es humildad. En Santiago 4:10 (NVI), la Palabra de Dios dice: «Humillaos delante del Señor, y él os exaltará». Cuando el salmista ayunó en el Salmo 35:13, dijo: «Afligí con ayuno mi alma». **Llevarle la Biblia a tu pastor, hablar con suavidad o caminar lentamente no son signos de humildad.** Dios dice que puedes humillarte a ti mismo al *ayunar*.

Durante un ayuno, en especial cuando no has comido durante varios días, experimentas debilidad extrema en tu cuerpo. Esta clase de sufrimiento en la carne hace que te serenes. Te hace humillarte. Y si algo necesitamos en esta era moderna de la cristiandad, es humillarnos. **Recuerda que el orgullo precede a la caída y el ayuno quita el orgullo que hace caer a tantos.**

Como creyente, necesitas ayunar, de otra manera tu carne te dominará y te llevará a cometer los pecados de la carne. Tener una mente carnal es la muerte.

Algunos problemas solo se solucionarán cuando ayunes

Otra razón para ayunar es que hay problemas en particular que solo pueden solucionarse por medio del ayuno. Algunas personas tienen problemas que los van a hacer volver atrás.

Algunos de estos problemas que causan ese volver atrás deben resolverse por medio del ayuno. Jesús les dijo a sus discípulos cuando fracasaron en sanar a un epiléptico:

> **… ESTE GÉNERO no sale sino con oración y AYUNO.**
>
> **Mateo 17:21**

Jesús quiso decir que no todos los problemas son lo mismo. Algunos problemas difíciles pueden resolverse solo por medio del ayuno. No es de sorprender entonces que los cristianos que no ayunan se vean agobiados por toda clase de problemas.

Ni siquiera el invierno debería ser impedimento para que el cristiano ayune. Tanto en Europa como en los Estados Unidos escuché decir a los cristianos que no es posible ayunar en invierno. *¡Claro que se puede!*

Durante varias de mis actividades como plantador de iglesias, he tenido que ayunar en invierno.

Recuerdo que una vez un hermano me visitó y al darse cuenta de que yo estaba ayunando, no podía creerlo. Me preguntó: «¿Cómo puedes ayunar cuando hace tanto frío?». Y me explicó que comer te mantiene caliente.

El ayuno previene el enfriamiento espiritual

Sin embargo, esta es la razón por la que muchos cristianos africanos que viven en Europa y los Estados Unidos. están muy lejos de ser lo que solían ser en sus países de origen. Han dejado de ayunar por diversas razones y se han vuelto espiritualmente fríos.

El ayuno no es una opción. Jesús dijo en Mateo 6:16: «Cuando ayunéis…». No dijo: «*Si* ayunáis». Esto implica que Él espera que ayunemos.

El ayuno tiene sus recompensas. En Isaías 58, Dios enumeró algunas de las retribuciones por ayunar:

> **Entonces nacerá tu luz como el alba, y tu SALVACIÓN se dejará ver pronto … Entonces invocarás, y te oirá Jehová; clamarás, y dirá él: Heme aquí…**
>
> **Isaías 58:8-9**

Una de las recompensas por ayunar es que estarás espiritualmente saludable.

Ayunar menos

El siguiente síntoma de una persona que está volviendo atrás es que ayuna menos. El ayuno es un ejercicio espiritual que nos mantiene en pie.

Cuanto más ayunes, más energía espiritual generarás. Cuanto más ayunes, más espiritualmente conectado estarás. Si hace un tiempo acostumbrabas a ayunar con regularidad pero ahora ayunas menos, esta es una señal de que posiblemente te estés «enfriando».

Ayunar no es una opción

El profeta Daniel tenía ochenta años cuando ayunó por tres semanas. Ni siquiera el embarazo debiera hacer que una mujer cristiana abandone su vida de ayuno. Durante el embarazo deberías ser capaz de ayunar por un tiempo y mantenerte saludable. El bebé llegará ungido y crecerá todavía mejor.

Ayunar menos es una señal de que tu inversión en las cosas espirituales está decreciendo gradualmente.

Enojo ante la corrección

Cualquier creyente que se enoja ante la corrección debe ser vigilado con atención.

> **No reprendas al escarnecedor, para que no te aborrezca; corrige al sabio, y te amará.**
>
> **Proverbios 9:8**

Un hombre sabio se alegrará con la corrección porque reflexionará en ello y se dará cuenta de que lo están ayudando. A veces la verdad es dolorosa. Cuando Jesús le dijo a la multitud en Juan 8:44: «Vosotros sois de vuestro padre el diablo...», se ofendieron.

Jesús llamó Satanás a Pedro

En cierta oportunidad, Jesús se dirigió a Pedro y le dijo: «¡Quítate de delante de mí, *Satanás*!». Es interesante notar que Pedro no se enojó de que lo llamaran Satanás. Luego de esta reprensión, Pedro siguió adelante hasta convertirse en el gran hombre de Dios que predicó a miles.

Un amigo de la escuela le dijo a alguien que lo molestaba: «Satanás, apártate de mí». Esta persona se quedó *asombrada*, *atónita* y muy *ofendida* de que la llamaran «Satanás». ¡Su reacción fue muy distinta de la de Pedro!

Jamás me dirigí a nadie llamándolo Satanás (aunque he visto a varias personas conducirse como el diablo). Me pregunto qué sucedería si me atreviera a corregir a alguien refiriéndome a él como Satanás. ¡Probablemente estalle de ira!

El músico no se ofendió

Durante una visita a una de las iglesias que dependen de la mía, un músico fue grosero con el director del coro. El pastor a cargo, reprendió duramente a ese músico. Observé la escena desde un costado sin intervenir, preguntándome qué iría a pasar luego.

Afortunadamente, este músico no se enojó ante la reprimenda de su pastor y continúa sirviendo hasta el día de hoy. Conozco a algunos músicos que se habrían marchado frente a semejante corrección.

> **Mejor es el muchacho pobre y sabio, que el rey viejo y necio que no admite consejos.**
>
> **Eclesiastés 4:13**

Un buen padre te corregirá

Dios nos dio padres y madres para corregirnos y aconsejarnos. Deberías agradecer a Dios si tus padres están vivos todavía.

Hay muchas personas que no tienen padres firmes que los guíen. Tales personas muchas veces se descarrían. Mi esposa me cuenta que ella quería ser secretaria pero no por buenos motivos y su padre la aconsejó al respecto. La alentó a que estudiara leyes. Hoy está feliz por haber seguido el consejo de su padre y poder ser una abogada.

Los que no tienen buenos padres que los guíen y los corrijan están en desventaja. **¡La corrección te ayudará a permanecer en el camino, así que no te enojes cuando te corrijan!**

Permitir que los afanes de este siglo ahoguen la palabra

Pero los afanes de este siglo, ... ahogan la palabra, y se hace infructuosa.

Marcos 4:19

Jesús contó la historia de un sembrador que salió a sembrar. Algunas semillas cayeron en el camino, otras entre las piedras, otras entre espinos y el resto en buena tierra.

Jesús comparó a los cuatro tipos de suelo con cuatro tipos de corazones. En un corazón, las espinas ahogaron la Palabra. En otro caso, el corazón era como una piedra, por eso la Palabra no podía entrar. En otro corazón, la Palabra cayó en el camino.

Solo el 25% de las semillas sobrevivirán

Solo el buen corazón llevó fruto. **Esta historia implica que solo un cuarto de aquellos que escuchan la Palabra de Dios finalmente permanecerán en Cristo y llevarán fruto.**

¿Cuáles son las preocupaciones del mundo? Pagar las cuentas, las deudas y todas las responsabilidades que conlleva la vida familiar se incluyen dentro de estas «preocupaciones».

No hay nada de malo con pagar las cuentas y ocuparse de la familia. A decir verdad, si tienes una esposa y una familia, debes ocuparte de ellos. La obligación del marido es la de tener comunión con su esposa y cuidar de sus hijos. Se trata de desafíos legítimos con los que todos en este mundo deben lidiar.

Dios nos advierte que no nos sobrecarguemos con estas responsabilidades. Estas preocupaciones no deben dominar nuestra vida. **Cuando comienzan a dominar tu vida, estás en peligro de volver atrás.**

Como pastor, he observado que cuando los cristianos aceptan un nuevo empleo, terminan enfrascados en eso en detrimento de su vida espiritual. A veces, debido a tales empleos nuevos, ya no van a la iglesia o no hacen el devocional diario. Las preocupaciones del mundo han comenzado a producirles una vuelta atrás.

La preocupación de todo estudiante es aprobar sus exámenes, pero Dios no debe quedar excluido de su vida a causa de los libros.

Como estudiante de medicina, logré combinar perfectamente mis responsabilidades académicas con mi trabajo pastoral. Durante años fui estudiante y a la vez pastor. Jamás puse a un lado la Palabra ni la obra de Dios por causa de mis estudios.

En mi ministerio, he tenido a estudiantes de medicina pastoreando con éxito iglesias hijas. No es una tarea imposible. Siendo estudiante de medicina, muchas veces pregunté: «¿Es una maldición ser estudiante de medicina? ¿Significa esto que ya no puedo servir más a Dios? ¿Quiere decir que tengo que volver atrás?». La respuesta es ¡no! Ser estudiante de medicina es tan solo otra «preocupación» de este mundo que no debemos permitir que ahogue la Palabra ni la obra de Dios.

No vuelvas atrás porque estás embarazada

Un nuevo bebé o un embarazo no deberían hacerte volver atrás. ¡Otros cristianos lo han logrado y también puedes hacerlo tú!

Cuando nació nuestro primer hijo, lo llevé a la iglesia cuando tenía tan solo **siete días** de vida. Tenía que predicar y debía asistir con mi esposa y mi recién nacido. Recuerdo cómo llevamos a nuestro bebé de solamente siete días a pesar de que hacía frío y debíamos viajar en autobús y andar por la calle para poder llegar a este compromiso que tenía de predicar en Ginebra.

Mi bebé no se murió. Tampoco morirá el tuyo si continúas haciendo la obra del Señor. Lamento decir que muchas mamás primerizas son cristianas que vuelven atrás, porque permiten que las preocupaciones del mundo ahoguen su vida cristiana.

Permitir que las riquezas ahoguen la Palabra

> **… y el engaño de las riquezas, … ahogan la palabra, y se hace infructuosa.**
>
> **Marcos 4:19**

Los que son muy ricos tienen ciertos problemas que las personas pobres no tienen. Estos problemas de los ricos suelen mantenerlos alejados de la iglesia.

Cuando compramos la propiedad para la catedral Lighthouse nos enfrentamos a un problema que no habíamos tenido antes. ¡Teníamos que pensar en la seguridad! No habíamos considerado esto antes porque nunca habíamos tenido una propiedad que proteger.

He notado que cuando las personas se vuelven más exitosas, tienden a alejarse de la iglesia. Cuando el Señor te bendice, no cometas el error de permitir que las responsabilidades asociadas con las nuevas bendiciones ahoguen la Palabra.

Recuerda que fue Dios el que te dio el poder para obtener esas riquezas. **Dios, al bendecirte, ¡no tenía la intención de que eso te alejara de Él!**

Es muy raro ver a lo que comúnmente llamamos «un pez gordo» en las reuniones de oración o en las cruzadas. No aparecen para las vigilias de oración posiblemente porque están cansados por tanto trabajo que hacen o porque consideran que el tiempo puede usarse para hacer algo más «productivo».

Aprende cómo hacer para continuar resplandeciendo a pesar de tus nuevos tesoros. No permitas que tus riquezas hagan a un lado al Señor.

La codicia del mundo

> **... y las codicias de otras cosas, entran y ahogan la palabra, y se hace infructuosa.**
>
> **Marcos 4:19**

La codicia por cualquier cosa fuera de la Palabra de Dios es peligrosa. Puede arruinar tu vida porque sacrificarás muchas cosas con tal de obtener lo que deseas.

Hay cristianos que sacrificarán cualquier cosa con tal de conducir un Mercedes Benz. Robarán, engañarán y mentirán con tal de obtener uno. Tales creyentes tienen un fuerte deseo de obtener una posesión material, y harán todo lo posible con tal de obtenerla.

Este *deseo desenfrenado* es a lo que Dios llama concupiscencia. ¡Pero la codicia es muy peligrosa! Es destructiva.

> **... habiendo huido de la CORRUPCIÓN que hay en el mundo a causa de la CONCUPISCENCIA.**
>
> **2 Pedro 1:4**

La corrupción ha ingresado al mundo a través de la concupiscencia o la codicia.

Los gobiernos a veces son corruptos porque los funcionarios tienen fuertes deseos de adquirir ciertas posesiones. Estos funcionarios obtienen sobornos a cambio de favores ilegales.

Además reciben regalos y dádivas a cambio de firmar contratos falsos que arruinan las economías de naciones enteras. La **codicia** (fuerte deseo) **corrompe a las personas**.

Desea la voluntad de Dios

Como ministro he aprendido a no sentir un fuerte deseo por nada en particular. Esto puede destruir tu ministerio con facilidad. Para que sepas, también siento deseos, pero están sujetos a la Palabra de Dios en mí. El mayor deseo en una vida cristiana debería ser que la voluntad de Dios prevalezca.

> **... Mirad, y guardaos de toda avaricia; porque la vida del hombre no consiste en la abundancia de los bienes que posee.**
>
> **Lucas 12:15**

No hay *nada* por lo que valga la pena sacrificar tu cristianismo. Solo vivirás (o morirás) lamentándolo. **Si ves que alguien tiene un deseo muy fuerte por las cosas materiales, estás viendo a una persona pronta a volver atrás.** Un día el diablo agitará esa cosa frente a tus ojos y tú sencillamente dejarás a Cristo para ir tras ella.

Algunas mujeres cristianas desean de manera desesperada un esposo y son capaces de quebrar todas las reglas y sacrificar todo principio moral con tal de obtenerlo. Otras anhelan con desesperación tener un hijo. Y son capaces de llegar tan lejos como tener relaciones sexuales con otros hombres si su marido es estéril.

Él dijo: «No confío en ninguna mujer»

En cierta oportunidad, estaba trabajando en el hospital y un doctor amigo me explicó que su trabajo en el departamento de ginecología le había hecho desconfiar de las mujeres. Dijo que había visto a pacientes femeninas que, al enterarse de la esterilidad de sus maridos, siguieron adelante y sacrificaron sus votos matrimoniales con tal de quedar embarazadas. Y contó cómo uno de esos maridos había ido hasta su casa llorando de emoción porque su esposa había tenido un bebé.

Él se maravillaba: «Este hombre no sabía que su esposa lo había engañado y había tenido el bebé con otro hombre».

No permitas que tus ansias por las cosas materiales te hagan volver atrás.

Una conciencia pobre

Una persona que no tiene una buena conciencia es alguien que posiblemente vuelva atrás. Una buena conciencia es indispensable para que puedas permanecer en la buena senda. Este es el siguiente síntoma del que vuelve atrás que quiero considerar.

> **Manteniendo la fe y BUENA CONCIENCIA, desechando la cual naufragaron en cuanto a la fe algunos, de los cuales son Himeneo y Alejandro, a quienes entregué a Satanás para que aprendan a no blasfemar.**
>
> **1 Timoteo 1:19-20**

Dos miembros de la iglesia, Himeneo y Alejandro desecharon la fe y la *buena conciencia* y, por tanto, naufragaron en sus vidas cristianas. Siempre que dejemos nuestra conciencia de lado, seremos capaces de hacer mal y males cada vez mayores hasta el día en que renunciemos a Dios.

Tu conciencia es una voz, ¡protégela!

La conciencia es la voz de ese mejor componente del ser humano (sea cristiano o no). **Es la conciencia del hombre la que intenta evitar que este haga lo malo.** Es importante tener una conciencia buena y fuerte. Es esa voz interior que todos tenemos. Puedes tener una conciencia fuerte o débil.

Pablo, el gran apóstol, dijo que él tenía una buena conciencia. También reveló que siempre había mantenido una buena conciencia, incluso cuando era incrédulo.

Me atrevo a decir que algunos no creyentes tienen mejores conciencias que ciertos creyentes.

Cuando nuestra conciencia se endurece es difícil que Dios nos hable. Siempre he intentado tener una buena conciencia, porque conozco el peligro de una conciencia endurecida.

Es esta conciencia la que me remuerde todos los días y evita que yo vuelva atrás.

Cuando ya no tienes conciencia, ese elemento interior que puede detener el proceso de la vuelta atrás también se ha ido. Ya no te toca el ungido, ni la Palabra de Dios, ni la predicación ni el Espíritu Santo.

Tu conciencia es como la palma de tu mano. Algunos tenemos manos suaves mientras otros las tienen callosas. Tus manos se curtirán y perderán su suavidad a medida que hagas trabajo rudo con ellas. **De la misma manera, tu conciencia se endurecerá a medida que continúes pecando sin arrepentirte.**

Cuando los creyentes se vuelven indiferentes a los mensajes de Dios, es una señal peligrosa.

Ningún predicador podía llegar a él

Un pastor amigo cuya familia es toda salva excepto uno de sus hermanos, me contó la siguiente historia. Contó que su madre llevó a su hermano a tantos desayunos del evangelio pleno que terminó por endurecerse.

Había escuchado muchos testimonios distintos de parte de varios oradores pero esto ya no producía ningún impacto en su vida. Es más, incluso ya podía calcular con bastante exactitud el momento en que el orador haría el llamado al altar. Sabía a la perfección lo que seguía en el programa.

Muchos cristianos pueden mentir y sus conciencias ya no les remuerden más. Algunos incluso pueden inventar historias falsas sin siquiera pestañear.

He escuchado a pastores afirmar que predican mejor luego de fornicar. La diferencia entre estos pastores y tú es el proceso gradual de endurecimiento. Te vas volviendo más y más duro a medida que te acostumbras a pecar. Entonces llega el punto en que cuando pecas ya no quieres que nadie te moleste.

Puedes cometer pecados mayores o menores dependiendo de tu conciencia. Si tienes una conciencia muy sensible, cometerás pecados «pequeños». Pero a medida que tu conciencia se endurece, tu capacidad de cometer pecados «graves» se incrementa.

No me importa si voy al cielo o al infierno

Hace poco, me senté junto a un hombre rico y le dije: «Debes estar preparado para encontrarte con Dios algún día». Él estaba con dos de sus acaudalados amigos. Me respondió que no estaba preparado pero que en realidad no le interesaba tampoco.

Cuando llegas al estado en que no te importa si vas al cielo o al infierno, estás en serio peligro. Quizás, cuando eras más joven te hubiera preocupado, pero ahora estás tan endurecido que ya no te importa más.

Cada cristiano necesita tener una conciencia sensible. No te acostumbres al pecado. No llegues al punto de que ya no te importe nada. **Sé sensible a las leves indicaciones de la voz interior ¡y así no volverás atrás!**

Capítulo 7

Todavía más síntomas...

Orar menos

El siguiente síntoma de volver atrás que quisiera que consideráramos es cuando se abandona la práctica de orar. Jesús dijo: «... orad, para que no entréis en tentación».

La oración evita que nos alejemos de Dios. Cualquier persona con la que pasas tiempo conversando se convierte en alguien cercano a ti. De la misma manera, cualquier cristiano que pasa tiempo hablando con Dios, se acercará a Él. **Esto nos lleva a la conclusión de que aquel que no dedica tiempo a la oración, se aleja de Dios.**

Este es uno de los principios que explica por qué las personas tienen aventuras extramatrimoniales. Muchos de nosotros nos olvidamos de que si te comunicas continuamente con alguien, esa persona pasa a estar más cercano a ti.

Sin darte cuenta, puedes enamorarte de un hombre o una mujer que no es tu pareja.

Pasar tiempo juntos con alguien te acerca a esa persona, lo quieras o no. Por eso, cuando un cristiano dedica menos tiempo a la oración, estará inadvertidamente quizás, apartándose de Él.

El día en que me encontré con una *mujer extraña*

Cuando oras, Dios te da la fortaleza para vencer las tentaciones. Él te fortalecerá para que cumplas su voluntad y no caigas. Hace muchos años, Dios sabía que yo iba a experimentar una gran prueba de mi fe cristiana así que me levantó temprano para que orara.

De mi espíritu brotaban las lenguas como un río y sabía que algo iba a ocurrir, así que oré más todavía. Permanecí en el piso orando. Al principio de mi vida cristiana por lo general oraba una hora diaria, pero esta vez lo hice por tres horas. Y aquel día me encontré con una mujer extraña.

La Biblia nos habla de un joven en Proverbios que se encontró con una mujer extraña. Mi experiencia fue parecida.

> **Cuando he aquí, una mujer le sale al encuentro, con atavío de ramera y astuta de corazón.**
>
> **Proverbios 7:10**

No tenía idea de lo que esta mujer tenía en mente. Pero aquel día puedo afirmar con absoluta convicción que ¡Dios me libró! Y creo que mi liberación tuvo mucho que ver con mi tiempo de oración que había tenido aquella mañana. Me sentía muy fuerte. ¿De dónde venía tal fortaleza? Jesús le dijo a sus discípulos que oraran porque podían caer en tentación.

El Señor me dio fortaleza por medio de la oración. **Si ves que un cristiano no ora, estás ante un cristiano que caerá en una tentación tras otra hasta que terminará volviendo atrás.**

No estar comprometido

El siguiente síntoma de volver atrás que quiero que consideremos es el síntoma de la falta de compromiso. Todo aquél que no quiere comprometerse con una iglesia, acabará por abandonarla.

Hay innumerables cristianos que se limitan a visitar iglesias, pero no se comprometen con ninguna. Son los «cristianos expectadores». Observan cómo serán las cosas el mes que viene. Si no les gusta mucho el pastor y sus sermones, se van a otra iglesia.

Dios espera que el creyente sea como un árbol *plantado* junto a ríos de agua. Los ríos de agua son los mensajes poderosos y transformadores que fluyen desde el púlpito cada domingo. Cada cristiano debe estar plantado en la casa del Señor. **Debe haber alguien con quien te relaciones como tu pastor. Dios nos**

creó de manera especial para que seamos como ovejas que necesitan de un pastor. ¡Necesitas pertenecer a algún lugar!

Recuerdo a un amigo que finalmente regresó a su casa luego de haber estado viajando por Europa. No quería unirse a esta iglesia o a aquella. No se comprometía en ninguna parte. Hoy venía acá y mañana iba allá. **En determinado momento tuve que recordarle que solo el diablo es el que va y viene, según el libro de Job. Un cristiano no comprometido es una persona que potencialmente volverá atrás.**

Comunión irregular

El siguiente síntoma es el de tener comunión interrumpida o irregular. Creo que es uno de los síntomas más importantes. Y en realidad, es uno de los *más comunes*.

Se supone que tu corazón lata a intervalos regulares. Sin embargo, algunas personas tienen latidos irregulares. Esto significa que su corazón late correctamente una vez o dos y luego sigue un latido a destiempo. Un latido irregular puede ser *regularmente* irregular o *irregularmente* irregular. Por favor, haz el intento por comprender lo que estoy diciendo.

¿Eres irregularmente irregular?

Un paciente con un latido *irregularmente* irregular está sufriendo de lo que se conoce como fibrilación atrial y experimenta síntomas como palpitaciones y desmayos. Para evitar la muerte, es necesario que el corazón de tales personas sea estabilizado.

Lamentablemente, hay muchos cristianos que tienen este problema de ser irregulares en su andar cristiano. Tal irregularidad puede ser a su vez *regular* o *irregular*. La asistencia a la iglesia puede ser regularmente irregular (se mantiene constante). Por ejemplo, *constantemente* vienen a la iglesia una o dos veces al mes.

Para algunos, la asistencia a la iglesia puede ser irregularmente irregular. En ese caso, son visitas *absolutamente impredecibles* a lo largo del año. El pastor es incapaz de afirmar cuándo será la próxima vez que asistan a la iglesia. **¿Puedes imaginar cómo sería si no supieras cuándo va a volver a latir tu corazón?**

La televisión y los sermones radiales no pueden sustituir la comunión regular. Debes tener una iglesia específica a la que asistas con regularidad. Observa a los cristianos irregulares y notarás que tienden a volver atrás. Pero si alimentas con regularidad tu espíritu, eso evitará que vuelvas atrás.

Pereza y excusas

El siguiente síntoma al que debes prestar atención es la pereza y las excusas.

> **Dice el perezoso: El león está fuera; seré muerto en la calle.**
>
> **Proverbios 22:13**

El cristiano perezoso está lleno de asombrosas excusas. Podría llegar a decir que no puede salir de la cama porque hay un león imaginario en la calle. **Esa persona no logrará mucho porque cualquiera que desee ser exitoso ¡deberá estar preparado para trabajar arduamente!**

El trabajo duro asegura el éxito

Cuando estaba en la escuela Achimota aprobé con honores los exámenes. No sucedió por casualidad. Tuve que esforzarme muchísimo. Mientras otros estudiantes jugaban por ahí, yo estudiaba duro.

En el tercer año de la carrera de medicina gané otra distinción. Mientras me preparaba para ese examen no dormí de noche durante seis semanas. Dormía por la tarde entre las 2 y las 6. Luego, desde las 6 de la tarde hasta el día siguiente a las 2 de la tarde no dormía. Salía de caminata y memorizaba el material correspondiente al curso.

Recuerdo cuando recorría el sector «R» del alojamiento para estudiantes de medicina, mientras memorizaba toda clase de información sobre gusanos, moscas e insectos: este gusano deposita tantos huevos por minuto, aquel insecto vuela a tal velocidad por segundo, se sumerge en el agua en tal ángulo, etc.

Mientras los demás estudiantes dormían, yo caminaba detrás de sus cuartos memorizando cosas sobre gusanos, cangrejos, escorpiones y toda criatura sobre la que debía aprender.

Cuando ves que alguien progresa como cristiano o le va bien en cualquier esfera, ¡es porque está trabajando duro!

> **¿Has visto hombre solícito en su trabajo? Delante de los reyes estará; no estará delante de los de baja condición.**
>
> **Proverbios 22:29**

Todos aquellos que están haciendo las cosas bien no son mágicamente bendecidos; su éxito viene de trabajar duro. De la misma manera, los que no están volviendo atrás no se mantienen en el camino solo por milagro. ¡Están trabajando fuerte en su vida cristiana!

A la Iglesia Internacional Capilla el Faro le está yendo bien debido a que tantas personas contribuyen al crecimiento de la iglesia. Hay pastores que trabajan duro y abandonan las tareas eclesiales muy tarde. Hay también voluntarios que trabajan ad honorem y hacen enormes sacrificios de tiempo. Es este gran compromiso lo que hace que la iglesia funcione.

La pereza no llevará a nadie al cielo. *¿Has visto al hombre perezoso? ¡Fácilmente irá al infierno!* Hace falta trabajar duro para permanecer en el camino con Dios.

Observa a los cristianos perezosos de la iglesia; ¡son propensos a volver atrás!

Enfriamiento

El enfriamiento es el siguiente síntoma de volver atrás que quiero que consideremos.

> **Y por haberse multiplicado la maldad, el amor de muchos se ENFRIARÁ.**
>
> **Mateo 24:12**

Puedes detectar el enfriamiento en una iglesia si identificas *«frialdad»*.

Cristianos diplomáticos

Algunos cristianos son muy «correctos» en la casa del Señor. Se niegan a participar de la alabanza y la adoración muy expresiva. No se suman a los gritos ni a aplaudir para el Señor.

Simplemente se niegan a relajarse en la presencia de Dios. **A estos los llamo «cristianos diplomáticos»**. Y a tales personas les digo: ¡no hay lugar para la diplomacia en el cristianismo!

Si quieres que Dios se sienta atraído hacia ti, entonces debes ser como el rey David. David perdió toda inhibición cuando danzó ante el Señor. No hubo nada de sobriedad en su manera de danzar. **Es más, ¡bailó hasta que se le aflojó la ropa!**

El cristiano que vuelve atrás no siente gozo en expresare ante el Señor. Le resulta pesado alzar las manos al Señor o lanzar un grito de júbilo. Resulta asombroso que este mismo cristiano serio abandona toda seriedad cuando está jugando su equipo de fútbol preferido. Allí sí grita, aúlla y aplaude cuando hacen un gol.

He notado que cuando los cristianos se están volviendo atrás, primero se manifiestan distantes, diplomáticos y desinteresados.

Bostezan, se ven aburridos y se la pasan mirando la hora durante la reunión. Estas son claras manifestaciones de lo que yo llamo enfriamiento o frialdad. Ten cuidado con ellos; son signos claros de un volver atrás inminente.

Cuestionamientos necios

Los cuestionamientos necios son otro síntoma de la vuelta atrás.

> **Pero desecha las cuestiones necias e insensatas, sabiendo que engendran contiendas.**
>
> **2 Timoteo 2:23**

Uno preguntó: «¿Quién creó a Dios?».

Otra persona dijo: «Iré a la iglesia si puedes decirme quién fue la esposa de Caín» (Refiriéndose al primogénito de Adán y Eva.)

La respuesta a esta curiosa pregunta es muy sencilla. Pero no deja de ser una pregunta necia. En realidad, el problema no es con quién se casó Caín; ¡el *verdadero* problema está en tu tendencia a volver atrás! ¡Y ahora quieres encontrar una razón para dudar de la autenticidad de la Biblia!

El que tiene el problema eres tú

Otros cuestionan: «¿Por qué los pastores conducen buenos autos?». De nuevo, el problema no está en el auto del pastor ni en cuánto se les paga a los pastores. **El problema es que estás volviendo atrás y estás tratando de encontrar una falla en tu iglesia.** Necesitas de manera desesperada hallar una razón que justifique tus acciones.

Estas son preguntas necias, un síntoma clásico de un cristiano que vuelve atrás. Por supuesto que no me opongo a que se formulen preguntas legítimas. Sin embargo, hay una diferencia entre una pregunta *legítima* y una pregunta *necia*. **Ten cuidado con aquellos que vienen con toda clase de crítica y cuestionamiento sobre la iglesia y sus ministros.** Con frecuencia tienen un motivo oculto.

Ausencia de ambición espiritual

Otro síntoma de volver atrás es carecer de ambiciones espirituales. Como creyente, si no avanzas estarás retrocediendo. Si no tienes una ambición para seguir adelante con Cristo, tendrás problemas.

He notado que los cristianos que no tienen ambición espiritual tienen tendencia a «enfriarse» y finalmente se apartan. Pablo tuvo una visión de proseguir siempre hacia adelante.

> **... pero una cosa hago: olvidando ciertamente lo que queda atrás, ... PROSIGO a la meta, al premio del supremo llamamiento de Dios...**
>
> **Filipenses 3:13-14**

Debemos olvidar lo bueno y lo malo y seguir adelante. Todos hemos tenido malas y buenas experiencias en la vida. Pero debemos olvidarlas y proseguir adelante. Algunos cristianos están anclados en el pasado. Y cuentan las grandes proezas para las que Dios los usó en el pasado.

No puedes estar contento con lo que sucedió hace algunos años. ¿Y qué del presente?

¿En qué te está usando Dios *hoy*? El tiempo para ministrar a los demás es ahora.

> **Porque debiendo ser ya maestros, después de tanto tiempo, tenéis necesidad de que se os vuelva a enseñar...**
>
> **Hebreos 5:12**

Una cosa que ha evitado que yo me aparte es mi búsqueda de logros espirituales. Debes tener un corazón espiritual que te impulse a levantarte y seguir adelante ministrando a los demás.

La mayor bendición que puedes tener es que tú mismo te conviertas en una bendición. Dios prometió a Abraham que lo bendeciría tanto que él sería de bendición.

No podía predicar

Hubo una época de mi vida en que no pude predicar. Sin embargo, no permanecí en esa situación. Me arrodillé ante un hermano maduro en la fe y le pedí que me impusiera las manos para que yo pudiera predicar. Luego de aquella oración comencé a hacerlo. Comencé con grupos pequeños y los ministré.

Quizás tú también tengas este problema o a lo mejor te consideras demasiado tímido para hablar en público. Actúa por fe hablando la Palabra con algunas personas y te sorprenderá lo que Dios puede hacer. Eso evitará que vuelvas atrás.

Un cristiano debiera ambicionar ser útil en la casa de Dios. Muchas personas no desean ser grandes en la casa de Dios. Al contrario, te sorprenderá la cantidad de creyentes que ansían ser millonarios.

Buscan toda oportunidad posible para ser grandes en el mundo secular. Sin embargo, cuando se trata de las cosas de Dios, *no tienen empuje.*

Yo siempre quise predicar. Escuchaba y observaba a otros ministros que predicaban. Cuando volvía a mi casa luego de la universidad, veía videos sobre cómo predicar. Invertí tiempo y dinero para conseguir mi objetivo. Por eso jamás volví atrás.

¡Pastores! Observen a las ovejas que no tienen empuje.

Curiosidad

El siguiente síntoma de volver atrás a tener en cuenta es el síntoma de la curiosidad.

¡La curiosidad no solo mata al gato!

Dicen que la curiosidad mató al gato. Pero en otro sentido, la curiosidad también mata a muchos cristianos. Algunos cristianos han sido engañados por el diablo y llevados a pensar que se están perdiendo de algo. Por eso, sienten curiosidad y desean experimentar con estas áreas prohibidas.

Algunos dicen: «Jamás he probado el alcohol en toda mi vida. Quiero saber cómo es estar borracho».

Otros dirán: «Nunca usé drogas y quisiera saber qué es eso de "volar"». Solo sabrás cómo se siente ser un loco. Experimentarás lo que llamamos esquizofrenia inducida por la marihuana.

Estaba con mi jefe en un consultorio del hospital psiquiátrico cuando una madre llegó con su hijo. Este muchacho había estado probando marihuana.

El psiquiatra llevó a este joven a recorrer el hospital psiquiátrico. Había hombres en pequeños cubículos haciendo unos sonidos raros. Había sitios especiales para hombres que estaban muy desquiciados y casi en estado salvaje. Me recordaba a un zoológico.

El psiquiatra advirtió a este joven que si continuaba probando dogas, su curiosidad lo llevaría a acabar en aquel «zoo». Jamás olvidaré aquella recorrida.

Fue esta misma clase de curiosidad la que llevó al hijo pródigo a marcharse de la casa de su padre y acabar comiendo con los cerdos. ¿Qué le faltaba en su hogar? Él mismo llegó a admitir que los siervos de su padre tenían más que suficiente para comer. Solo que sintió curiosidad por saber cómo era allá afuera.

Notarás que hay hombres con esposas bellas y encantadoras que siguen andando detrás de otras mujeres. Algunos son simplemente curiosos. Piensan que hay más por descubrir.

No hay nada nuevo bajo el sol. No hay nada nuevo por ver. ¡La curiosidad, en vez de al gato, mató al que vuelve atrás!

Murmuración

El siguiente síntoma de volver atrás es la murmuración.

Haced todo sin murmuraciones y contiendas.

Filipenses 2:14

Murmurar significa quejarse, refunfuñar, farfullar y criticar. Hay cristianos que murmuran en casa, en el trabajo y en la iglesia. Dios está en contra de los que murmuran. Se disgustó especialmente con el pueblo de Israel cuando ellos murmuraron contra Él y contra Moisés. Algunos de ellos se quejaron y rezongaron tanto que jamás entraron a la tierra prometida.

Las personas que murmuran y se quejan nunca llegan a la tierra prometida. **Según mi experiencia, las personas que murmuran y se quejan abandonan su iglesia y finalmente vuelven atrás.**

Cuando te quejas contra alguien es lo mismo que estar enojado con esa persona o demostrar que no te gusta. Los que se quejan contra sus gobernantes son los que están enojados con el gobierno. De la misma manera, los que murmuran contra la iglesia están enojados con Dios y están listos para abandonarlo.

Identifica a los que murmuran y se quejan porque son posibles desertores.

Aprobación o admiración de lo malo o de los que hacen mal

El siguiente síntoma muy importante es la «aprobación y admiración hacia los que hacen lo malo». La gente por lo general se siente atraída por algo antes de ir tras eso. De la misma manera, si apruebas a alguien que está haciendo lo malo, entonces es probable que tú también desees hacer lo mismo.

Dios espera que el cristiano desapruebe el mal. Aunque Saúl era el padre de Jonatán, el joven reconocía que el rey, su padre, estaba equivocado en querer asesinar a David. David no había hecho nada malo pero, cegado por los celos, Saúl intentaba matarlo.

Jonatán se disoció de lo que estaba haciendo su padre y se asoció con lo correcto, con David. Eso es lo que debe hacer un buen cristiano. No debemos aprobar lo que está mal. Debes ser valiente y decir: «Esto está mal y esto está bien». Y me mantengo firme en lo que es correcto.

¡Ay de los que a lo malo dicen bueno...!

Isaías 5:20

Te conviertes en aquello a lo que admiras

Por experiencia, he notado que si alabas lo malo, un día cometerás esa misma cosa mala. Si alguien es un rebelde y apruebas a esa persona, llegará el día en que también te conviertas en rebelde. Presto atención a las personas que no condenan lo malo sino que le van por alrededor. El cristiano jamás debería aprobar lo malo.

> **… ¿En qué le hemos cansado? En que decís: Cualquiera que hace mal agrada a Jehová…**
>
> **Malaquías 2:17**

Observa con cuidado a los cristianos que no desaprueban el mal; es probable que estén pensando en hacer eso mismo algún día.

Pobres reflejos de adaptación

> **¿Cómo cantaremos cántico de Jehová en tierra de extraños?**
>
> **Salmo 137:4**

Cuando los hijos de Israel se encontraron en las nuevas circunstancias, colgaron sus arpas de los sauces. Guardaron sus instrumentos de alabanza porque habían sido llevados cautivos.

Adáptate rápido a tus nuevas circunstancias

Los cristianos a los que les cuesta adaptarse a sus nuevas circunstancias suelen volver atrás en su andar con Dios. No logran adaptarse a su nuevo rol como esposa, esposo, madre, padre, etc. Son sencillamente incapaces de adaptarse a sus nuevos empleos, a su nuevo cónyuge, a su nuevo bebé y demás.

A veces, cuando un cristiano se muda a otra ciudad cambia y pasa de ser un cristiano fuerte y vibrante a ser frío e indiferente. No logra adaptarse a su nuevo entorno.

¿Por qué habrías de volverle la espalda a Dios debido a tus nuevas circunstancias? ¡Levántate en el nombre de Jesús! Tanto que anhelaste tener esposo o esposa y un trabajo… Ahora que los tienes, adáptate rápido a tu nueva circunstancia y no vuelvas atrás.

Puedes cantar un cántico a Jehová

Mi fortaleza y mi cántico es JAH, y él me ha sido por salvación.

Salmo 118:14

Fíjate en la relación entre «mi fortaleza», «mi cántico» y «salvación».

No puedes separar tu cántico de tu fortaleza. Así como tampoco puedes separar tu fortaleza de tu salvación. Van juntos. Necesitas cantar el cántico de Jehová hagas lo que hagas y dondequiera te encuentres.

Querido amigo, aun si estás casado con un incrédulo, no te des por vencido en tu caminar con el Señor.

El matrimonio puede afectar tu unción

Una vez escuché que desafiaban a un pastor graduado. Le dijeron: **«Si luego de tu casamiento sigues ungido, entonces realmente has sido llamado por Dios».** ¡El mensaje fue claro! Tienes que hacer una enorme adaptación luego de casarte, si no ¡vas a volver atrás!

Mas también si te casas, ... pero los tales tendrán AFLICCIÓN de la carne, y yo os la quisiera evitar.

1 Corintios 7:28

Nada es gratuito. Me resultó sumamente difícil ser médico y a la vez pastor. Cuando te conviertes en médico tu vida cambia. Tu vida pasa a estar totalmente involucrada en la condición de tus pacientes. Sin embargo, debí adaptarme con rapidez a mi nueva circunstancia para poder seguir adelante con el ministerio. No puedes poner al Señor a un lado simplemente porque viajaste a un nuevo país o fuiste a una nueva escuela.

El cristiano que no puede adaptarse con rapidez a sus nuevas circunstancias es muy probable que vuelva atrás. ¡Debes adaptarte para mantenerte vivo!

Aprende a identificar estas cosas. No ignores las tretas del diablo. ¿Por qué habrías de caer ahora que conoces al Señor?

Dios tiene grandes planes para ti, no hay duda de eso. Él tiene planes para bendecirte, prosperarte y para que crezcas en esta vida. Sin embargo, recuerda que tales bendiciones no deben *apartarte* de Dios sino que deben *afianzar* tu fe y tu confianza en Él.

No permitas que las nuevas circunstancias que quizás traigan tus bendiciones consigo te hagan volver atrás.

¡Desarrolla el poder para permanecer!

Capítulo 8

Mi argumento final

Este es mi argumento final acerca del volver atrás. En este capítulo verás en términos concretos la necedad de volver atrás. Conocerás el testimonio de verdaderos cristianos que prosiguieron firmes hasta el final. También, verás las últimas declaraciones de los que volvieron atrás, de almas perdidas, y lo que dijeron al aproximarse a las puertas del infierno. Descubrirás lo terrible que es volver atrás en realidad.

En nuestro andar con Dios hay una línea que no debemos cruzar. Hay un punto de no retorno. He escuchado a creyentes decir que piensan volver atrás para luego regresar al Señor luego de un tiempo. Se olvidan de que puede haber un punto de no retorno.

El punto de no retorno

Todos compareceremos ante la presencia de Dios para dar cuenta de nuestra vida. Cuando llegue ese momento y seas llevado ante Dios, ¿qué dirás?

¿Estarás listo? ¿Habrás hecho lo que Dios quería que hicieras?

Un hermano en Cristo estaba fornicando cuando escuchó un toque como de trompeta muy fuerte. Pensó que era la trompeta que anunciaba el regreso de Cristo. Así que saltó de la cama pero no fue arrebatado al cielo. Se preocupó muchísimo porque pensó que se había producido el rapto y había sido dejado atrás. Este cristiano estaba reaccionando de manera desmedida ante el bocinazo de un gran ómnibus. El que ha vuelto atrás vive lleno de temor y ansiedad.

Dios quiere razonar contigo

Vengan, pongamos las cosas en claro…

Isaías 1:18, NVI

Dios es un ser racional y quiere poner las cosas en claro contigo.

Muchas personas piensan que cuando te ocupas de las cosas espirituales debes dejar de lado la razón y dejar de pensar racionalmente. Pero la Biblia dice que Dios quiere que razonemos con Él y dejemos las cosas bien en claro. Si Él nos pide esto, entonces sin dudas que se trata de un Dios que piensa de manera lógica y secuencial.

Vamos a razonar y argumentar juntos acerca del volver atrás. Podrías llamarlo: *«Argumentos a favor y en contra del volver atrás».*

Te mostraré a algunas personas que se sintieron *felices y plenas de gozo* al ingresar en el descanso del Señor. Se trató de cristianos que sirvieron a Dios y no volvieron atrás.

Por el otro lado, te mostraré lo que dijeron algunas personas que volvieron atrás momentos antes de partir de este mundo. Estos testimonios por sí solos deberían hacerte tomar la firme decisión de nunca, nunca, nunca volver atrás.

Los santos

Primero, quisiera que te fijaras en lo que los santos de la Biblia expresaron en referencia al momento de su partida de este mundo.

El apóstol Pablo

El ***apóstol Pablo*** estaba en prisión cuando supo que se acercaba el día de su muerte. Él dijo: **«Para mí … el morir es ganancia»**. En otras palabras, estaba feliz de morir. ¿Cuántas personas se sienten felices de morir? Si tienes confianza en tu relación con Dios no temerás a la muerte.

Jacob

Cuando el ***patriarca Jacob*** estaba a punto de morir, en Génesis 49:33 la Biblia declara que **luego de darles instrucciones a sus hijos, «… encogió sus pies en la cama, y expiró…»**.

¡Qué manera de partir! Sabía que se estaba yendo. Y tuvo tiempo para instruir a sus hijos con confianza. Luego de darles instrucciones, encogió los pies en la cama y expiró. Como ves, la muerte de los justos es muy distinta de la muerte de los malvados. El profeta Balaam dijo:

... Muera yo la muerte de los rectos...

Números 23:10

Ahora estudiemos cómo algunas personas comunes y corrientes, luego de vivir una vida sin volver atrás se fueron felices a estar con el Señor.

Ignacio

Ignacio vivió en el 100 d.C. Fue el obispo de Antioquía y discípulo personal del apóstol Juan. Fue sentenciado a muerte y cuando estaba muriendo, sus últimas palabras fueron: **«Te agradezco, oh Dios, por haberme honrado con tu Palabra, ¡gloria sea a Dios!».**

Estas fueron las últimas palabras de un hombre que fue sentenciado a muerte quemado en la hoguera. Otras personas habrían estado gritando, defecando y salivando. ¡Pero este hombre murió alabando a Dios!

El padre Policarpio

El ***padre Policarpio***, otro discípulo de Juan, vivió durante el reinado del emperador Nerón. También fue sentenciado a muerte. Lo llevaron a la corte y allí le dieron la opción de denunciar a Jesús o ser quemado vivo. Policarpio sufrió mucho por Cristo. El procónsul romano le ordenó que jurara lealtad al César diciendo: «Jura y te dejaré en libertad. Reprocha a Cristo». ¡Cuán valiente y magnífica la respuesta de Policarpio!

Él dijo: **«Durante ochenta y seis años serví a Cristo y Él jamás me ha hecho ningún mal. ¿Cómo puedo, entonces, blasfemar a mi Rey y mi Salvador?»**

Otros intentos por hacerlo negar al Señor fracasaron y Policarpio fue condenado a morir en la hoguera. Cuando llegó el día en que iban a quemarlo vivo, los responsables de ejecutarlo quisieron clavarlo a la estaca pero él se resistió diciendo: **«Déjenme solo, así como estoy; porque Aquel que me dio fortaleza para soportar el fuego, me capacitará también para que no sean necesarios los clavos porque permaneceré de pie sin moverme de la hoguera».**

Por último exclamó: **«¡Oh, Señor, Padre de mi amado Señor Jesucristo! Te doy gracias porque me permites estar entre los mártires».**

Augusto Montague Toplady

Augusto Montague Toplady (1710–1778) será siempre conocido como el autor de uno de los himnos más evangélicos del siglo XVIII, «Roca eterna», que fuera publicado por primera vez en 1776. Durante su enfermedad terminal, Toplady fue grandemente sustentado por las consolaciones del Evangelio.

Ya cerca del final, despertó de su sueño y dijo:

«¡Oh, qué deleite! ¿Quién podría comprender el gozo del tercer cielo? El cielo es claro, no hay ni una nube. ¡Ven, Señor Jesús, ven pronto!»

Y murió diciendo: **«Ningún hombre mortal puede vivir luego de las glorias que Dios ha manifestado a mi alma».**

Y con esas palabras fue a estar con el Señor.

William Shakespeare

William Shakespeare (1564–1616), esta destacada figura de la literatura de cuya vida y obra se han escrito bibliotecas enteras, vivió cerca de su Biblia, tal como las numerosas citas de ella en sus obras y dramas lo demuestran.

Un hombre famoso conoció al Señor

El final de sus días llegó cuando solo tenía 52 años. Su última voluntad que fue escrita en el año de su muerte revela su fe en Dios.

«Encomiendo mi alma en las manos de Dios mi Creador, con la esperanza y el absoluto convencimiento de que, solo por los méritos de Jesucristo mi Salvador, tendré parte de la vida eterna y mi cuerpo volverá a la tierra, porque de ella salió.»

Matthew Henry

Matthew Henry (1662–1714), fue el eminente teólogo anticonformista que dio a la iglesia el comentario devocional que ocupó un lugar destacado dentro de su rubro. Falleció a la semana de haberse establecido en Londres como pastor de una iglesia en Hackney, pero su final estuvo lleno de confianza en la gracia del Salvador.

Sus últimas palabras fueron: **«Una vida dedicada al servicio a Dios y en comunión con Él es la vida más confortable que cualquiera puede tener en este mundo».**

John Wesley

John Wesley, el fundador de la gran iglesia metodista, dijo: **«Lo mejor de todo es que Dios está con nosotros».** Me parecen maravillosas estas últimas palabras de este gran fundador.

John Wesley, de quien se dijo que solo la eternidad revelará lo que el mundo le debe a este magnífico ministro, se mantuvo activo hasta el final. Hasta el último día él estuvo lleno de alabanza, de consejos y exhortaciones.

El gran fundador muere en paz

En sus últimos momentos con las fuerzas que le restaban, él volvió a clamar en santo triunfo:

«Lo mejor de todo es que Dios está con nosotros».

Las últimas palabras que se le escucharon articular a Wesley fueron: **«¡Adiós!»**.

Luego, sin un quejido prolongado, el evangelista de autopistas y caminos, amado pastor de miles y padre de la gran iglesia metodista entró al gozo de su Señor.

Es interesante notar, una vez más, que la muerte del cristiano seguro de lo que cree es una pacífica transición de un mundo al otro.

Adorinam Judson

Adorinam Judson fue un misionero de África. Es más, se trató del primer misionero norteamericano que fue a África. Se instaló en Burma y tradujo la Biblia al idioma de la región.

La partida del primer misionero norteamericano al África

También escribió un diccionario para ellos. Cuando estaba a punto de morir dijo: **«Nadie abandonó este mundo con mayores esperanzas ni sentimientos tan cálidos**.

No temas, la muerte no me sorprenderá. A pesar de lo que diga, me siento fuerte en Él».

Este es un hombre que tuvo fortaleza cuando la mayoría de las personas son débiles. Oremos por ese mismo poder, que podamos prevalecer hasta el fin.

Charles Bridgman

Charles Bridgman falleció a los doce años de edad. Niño como era, amaba leer la Biblia y deseaba el conocimiento espiritual. Este jovencito les llamaba la atención a sus hermanos si estos se olvidaban de agradecer a Dios por los alimentos. Cuando enfermó, le preguntaron si prefería vivir o morir y respondió: «Deseo morir para ir con mi Salvador».

La fortaleza de un muchachito

Al irse aproximando su hora final, sus últimas palabras fueron: «**... En tus manos encomiendo mi espíritu. Ahora cierra mis ojos. Perdóname y perdona a mi padre, mi madre, mi hermano, mi hermana y a todo el mundo. Ahora me siento bien, casi no siento dolor, mi gozo está a mi alcance. Señor, ten misericordia de mí. Oh, Señor, recibe mi alma en tu presencia**». ¿Cuántos jovencitos de nuestros días se expresarían de la manera en que lo hizo Charles Bridgman?

Robert Bruce

Robert Bruce, uno de los caballeros más distinguidos de este tiempo, se involucró en el ministerio y se destacó en Edinburgo. Al mantener escrupulosamente las normas establecidas por la iglesia, se expuso a mucha persecución en bien de la verdad.

A la hora de su muerte, pidió la Biblia familiar y le dijo a su hija:

«Busca por favor el capítulo ocho de Romanos y pon mi dedo sobre estas palabras: "Por lo cual estoy seguro de que NI LA MUERTE NI LA VIDA ... NOS PODRÁ SEPARAR del amor de Dios, que es en Cristo Jesús Señor nuestro».

Luego Bruce preguntó: **«¿Está mi dedo sobre ellas?»**

«Sí» −dijo su hija. Entonces él añadió:

«Entonces, que Dios sea contigo, hija mía. Acabo de desayunar contigo y cenaré con mi Señor Jesús esta noche.»

¡Qué emocionante debe ser cuando sabes que estás listo! No hay razón alguna para volver atrás cuando escuchas estos testimonios tan cautivantes.

Y muchos otros

Otro cristiano en su lecho de muerte dijo: **«¡Qué brillante el cuarto, qué lleno de ángeles!»**

Otros cristianos expresaron con confianza: **«La batalla ha sido peleada. La batalla ha sido peleada y se ha obtenido la victoria».**Y con esas palabras, fue a estar con el Señor.

Alejandro II, lleno de fe divina, exclamó: **«Estoy atravesando las puertas, cubierto por la sangre del Cordero».**

Alguien más dijo: **«Desearía tener la capacidad para escribir y así hacer una descripción de lo placentero que es morir».**

Y otro exclamó: **«¡Oh! Ojalá pudiera expresar el gozo que tengo. Estoy extasiado, el Señor brilla con poder sobre mi alma. Él viene, Él viene».**

Un creyente que sobrevivió dijo: **«Estaré pronto con Jesús. ¡QUIZÁS ESTOY DEMASIADO ANSIOSO!».**

¿Siempre es dulce la muerte?

Otra persona dijo: **«LA MUERTE ES DULCE»**. ¿Cómo podrías decir: «La muerte es dulce» si has vuelto atrás y sabes que te espera el juicio?

Un hermano en Cristo cuestionaba: **«¿Será esto la muerte? ¿Qué? Es mejor que vivir. CUÉNTALES QUE MORÍ FELIZ EN JESÚS».**

Otro dijo: «Ellos cantan. Los ángeles cantan. **¿ESTO ES LA MUERTE? NO, ES UNA DULCE VIDA».**

Alguien que volvió atrás y fue muy afortunado, *Oliver,* doctor en filosofía, vivió siendo infiel. Sin embargo, poco antes de su muerte se arrepintió y volvió al Salvador.

Sus palabras finales fueron de profundo arrepentimiento: «¡Ojalá pudiera deshacer todo el daño causado! Fui más apasionado en envenenar a los hombres con mis principios de infidelidad de lo que cualquier cristiano lo es para predicar las doctrinas de Cristo».

Los pecadores

Ahora vamos a considerar lo que algunos pecadores y personas que volvieron atrás dijeron cuando estaban al borde de la muerte. El orgullo y la rebeldía de estas personas malvadas no los ayudó para nada en el momento en que se aproximaban a las puertas del infierno y debían rendir cuentas. Algunas de estas personas fueron cristianos que volvieron atrás. Y murieron como almas perdidas, temorosos, gritando y sin esperanza. La primera persona que quiero que consideremos dentro de esta categoría es un hombre llamado Tom Paine.

Tom Paine

Tom Paine (1737–1809) fue considerado un gigante literario.

Él escribió «La edad de la razón» y vivió durante los avivamientos de John Wesley y George Whitfield. *Él llevó una vida contraria a Dios y apartó a la gente de Dios.* Creo que fue una de las personas que hizo que Europa fuera tan anticristiana y atea en su forma de pensar. Una persona que fue testigo de su muerte dijo: «Es digno de compasión».

Aunque él no creía en Dios, a la hora de su muerte, cuando estaba en su lecho dijo: **«Daría el mundo, si lo poseyera, porque "La edad de la razón" no hubiera sido publicado. ¡Oh, Señor, ayúdame! ¡Oh, Dios! ¿Qué he hecho para sufrir tanto? –luego añadió–: Pero no hay Dios. Sin embargo, si hubiera un Dios, ¿qué sería de mí en el mundo venidero? Si alguna vez el diablo ha tenido un agente, ese he sido yo».**

Él tenía miedo de morir

Cuando una señora mayor que lo cuidaba quiso abandonar la habitación, él dijo: **«Quédate conmigo. Por el amor de Dios, no soporto quedarme solo. Quedarse solo es el infierno».**

Las últimas palabras de Tom Paine fueron: **«Dios mío, Dios mío, ¿por qué me has desamparado?».** Y con estas palabras murió. Esta es la muerte de los malvados. ¡Completamente desvalidos y desesperados en la presencia de un Dios justo!

Voltaire

Cada vez que voy a Ginebra, viajo hasta Ferney-Voltaire, un pequeño poblado que lleva el nombre de un notable infiel, ***Voltaire*** (1694–1778). Una noche fui con el pastor de mi iglesia en Ginebra a mirar la estatua de este hombre.

Pude ver todos los tributos que fueron escritos a su nombre y todas las buenas obras que se decía que había hecho por la comunidad. Sin embargo, este hombre también vivió y peleó en contra del cristianismo.

El hombre que maldijo a Cristo

Mira lo que este notable francés infiel dijo de Cristo, nuestro Salvador: **«¡Maldito sea el desgraciado!»** ¿Cómo puede alguien tener semejante osadía de maldecir a Cristo y llamarlo desgraciado?

Una vez alardeó diciendo: **«En veinte años, ya no existirá el cristianismo. Con una sola mano podré destruir el edificio que necesitó de doce apóstoles para ser levantado».**

Estas son las personas que han echado los cimientos para el ateísmo que tanto prevalece hoy en Europa.

Poco después de su muerte, su propia casa, donde él imprimió su vil literatura se convirtió en el depósito de la Sociedad Bíblica de Ginebra. La enfermera que atendía a Voltaire dijo: **«Por todo el oro del mundo, no quisiera volver a ver morir a otro infiel»**.

Se veía impotente y desesperado en su lecho de muerte

El médico Trochim que estuvo con Voltaire en el momento de su muerte dijo que él gritó con *desesperación*:

«¡He sido abandonado por Dios y el hombre! Te daré la mitad de mis posesiones si me das seis meses de vida. Entonces iré al infierno y tú irás conmigo. ¡Oh, Cristo! ¡Oh, Jesucristo!»

Puedes notar la desesperación y la impotencia de este blasfemo a medida que descendía a los abismos. Él mismo admitió que iba camino al infierno.

Queridos amigos cristianos, no cometamos errores acerca de la realidad del cielo y del infierno.

Thomas Hobbes

Thomas Hobbes (1588–1674) fue un destacado filósofo político inglés cuya obra más famosa fue «Leviatán».

Este escéptico, culto e inteligente corrompió a muchos de los grandes hombres de su época. ¡Pero qué gran arrepentimiento sintió al final del camino! Qué gran desesperanza impregnan sus últimas palabras:

«Si poseyera el mundo, lo daría con tal de vivir un día más. ¡Estoy por dar un salto a la oscuridad!»

La buena nueva es que los cristianos no dan saltos a la oscuridad. ¡Cuando mueren van al cielo!

Thomas Cromwell

Thomas Cromwell (1540), quien se convirtió en conde de Essex, fue un notable estadista que estuvo al lado del rey, tanto en poder como en influencia. Fue el responsable de desenterrar los huesos de Thomas Becket para luego quemarlos por traidor.

El hombre que fue seducido

Súper ambicioso, Cromwell perdió su influencia y también su cabeza, porque fue ejecutado. Los historiadores nos cuentan que al morir, expresó en su discurso:

«EL DIABLO ESTÁ LISTO PARA SEDUCIRNOS, Y YO HE SIDO SEDUCIDO, pero porten mi testimonio de que muero en la fe católica.»

Es interesante notar cómo las personas quieren asociarse a Dios a último momento. Este hombre insistía que estaba en la fe.

Thomas Cork

Thomas Cork lloró con angustia cuando moría. Y dijo: **«Hasta este momento pensé que no había ni Dios ni diablo. Pero ahora lo sé: siento que existen ambos** –y exclamó–: **Estoy condenado al juicio, por el juicio del Todopoderoso».**

Robert Green Ingersoll

El que escribió sobre los errores de la Biblia

Robert Green Ingersoll (1833–1899), famoso abogado norteamericano y prominente agnóstico, especialista en *Errores y contradicciones bíblicas*. Su famosa conferencia: «Los errores de Moisés» llevó a un defensor de la Biblia a expresar que le gustaría escuchar a Moisés hablar cinco minutos sobre *¡Los errores de Ingersoll!*

¿Tengo un alma?

Cuando se aproximó a las puertas del infierno se sintió aterrado y dijo: **«OH, DIOS, SI HAY UN DIOS, TEN MISERICORDIA DE MI ALMA, SI TENGO ALMA».**

Sir Francis Gilfort

A ***Sir Francis Gilfort*** le enseñaron el evangelio a temprana edad.

El posible ministro que volvió atrás

Él fue un cristiano que volvió atrás. Es más, se esperaba que se convirtiera en ministro, **pero cayó en malas compañías.** Cuando estaba por pasar a la eternidad, expresó:

«¿De donde viene la guerra que siento en mi corazón? ¿Qué argumentos me asisten en la práctica? ¿Digo yo que no hay infierno cuando estoy sintiendo uno en mi pecho?

»AY, ¿ESTOY SEGURO DE QUE NO HAY JUICIO CUANDO SIENTO QUE ESTOY EN UN JUICIO? ¡Oh, desdichado de mí! ¿Cómo me libraré de esto?

»Sé que existe un Dios porque continuamente siento su ira. Y estoy seguro de que también existe un infierno.

»¡Oh! Que pudiera estar sobre el fuego que jamás se apaga por mil años para comprar el favor de Dios y poder volver a Él. ¡Pero es un deseo inútil!

»Millones y millones de años no me acercarían al final de mi tormento. ¡Eternidad, eternidad!»

¿Quieres que alguien ore por ti?

A medida que aumentaba la tensión de este hombre, le preguntaron si quería que algunas personas vinieran a orar por él. A lo que respondió: «**Tigres y monstruos, ¿son acaso diablos para venir a atormentarme? ¿Me darán un panorama del cielo para hacer mi infierno más tolerable?** –y añadió–: **¡Oh! Las insoportables punzadas de la muerte**». **Y diciendo eso murió. ¡Qué aterrador!**

William Pope

William Pope fue un cristiano nacido de nuevo que conoció el amor de Dios. Sin embargo, al morir su esposa, volvió atrás y siguió a Tom Paine. A poco de volver atrás, contrajo tuberculosis que en aquel entonces era conocida como tisis o consunción.

Se dice que él ha sido el líder de una compañía de infieles que ridiculizaron todo lo religioso.

Patearon la Biblia y la rompieron

Fue el clásico ejemplo de los que vuelven atrás y cuando estaba muriendo dijo: «**Ningún caso se compara con el mío, no puedo revertirlo, Dios me condenará para siempre**».

Una de las cosas que acostumbraba hacer con sus amigos era patear la Biblia por el piso o romperla. Los amigos que estuvieron presentes en su lecho de muerte lo describieron como una escena de terror.

Una aterradora escena de muerte

Sus ojos giraban de un lado al otro mientras moría en su cama y alzaba las manos mientras clamaba: **«No tengo contrición. No puedo arrepentirme. Dios me condenará. Sé que el día de la gracia ha pasado… Uno está condenado para siempre… ¡Oh, eternidad! Eternidad… No hay otra cosa para mí sino el infierno. Vengan, tormentos eternos… ¿No los ven? ¿Acaso no pueden verlo? Él viene por mí. ¡Oh, la llama encendida, el infierno, el dolor que siento. La eternidad explicará mi tormento».**

Y diciendo esto, murió.

¡Estas fueron las últimas palabras de alguien que volvió atrás!

Querido amigo cristiano, ¿qué más puedo decir? He enunciado testimonios de la vida real, de personas reales como tú y yo. Si no son suficiente evidencia para hacer que creas y permanezcas en Dios, entonces no sé qué más pueda hacer.

He rogado por tu alma y compartí contigo todo lo que un pastor podría darte. Te he mostrado por qué no deberías volver atrás. Te expliqué las causas del volver atrás, las descripciones y los síntomas de esta acción. Te he mostrado también cómo se comportan las personas que volvieron atrás cuando les tocó enfrentar las puertas de la eternidad. Por el otro lado, enuncié también las alegres despedidas de los cristianos que permanecen hasta el fin.

Mi ruego a Dios es que encuentres a Cristo y PERMANEZCAS en Cristo. Porque en la sólida roca que es Cristo, permanecemos. ¡¡¡Amén!!!

Libros de

Dag Heward-Mills

1. Lealtad y Deslealtad
2. Lealtad y Deslealtad - Los que te acusan
3. Lealtad y Deslealtad - Los que son hijos peligrosos
4. Lealtad y Deslealtad - Los que son ignorantes
5. Lealtad y Deslealtad - Los que olvidan
6. Lealtad y Deslealtad - Los que te abandonan
7. Lealtad y Deslealtad - Los que fingen
8. El Crecimiento de la Iglesia
9. Plantación de Iglesias
10. La Mega Iglesia (2da edición)
11. Atrapa La Unción
12. Pasos hacia la Unción
13. Las Dulces Influencias de la Unción
14. Amplificar tu Ministerio Con Milagros y Manifestaciones Del Espíritu Santo
15. Transforma tu Ministerio Pastoral
16. El Arte de Pastorear
17. El Arte de Liderazgo (3era edición)
18. El Arte de Seguir
19. El Arte del Ministerio
20. El Arte de Escuchar (2da edición)
21. Perder, Sufrir, Sacrificar y Morir
22. Qué Significa Convertirse en Apacentador
23. Los Diez Errores Principales que los Pastores Cometen
24. Porque al que tiene, se le dará; y al que no tiene, aun lo que tiene se le quitará
25. Por qué los cristianos que no diezman empobrecen…y cómo prosperan los cristianos que diezman
26. El Poder de la Sangre
27. Anagkazo (2da edición)
28. Díles
29. Cómo Nacer de Nuevo y Evitar ir al Infierno
30. Muchos son llamados
31. Peligros Espirituales
32. Volver Atrás
33. ¡Decláralo! ¡Reclámalo! ¡Recíbelo!
34. Los demonios y cómo tratar con ellos
35. Cómo Orar
36. La fórmula de la humildad
37. Hija, tú puedes lograrlo
38. Entender el Tiempo Devocional
39. Ética Ministerial (2da edición)
40. Laikos

www.ingramcontent.com/pod-product-compliance
Lightning Source LLC
LaVergne TN
LVHW020650100826
845148LV00012B/2415

* 9 7 8 9 9 8 8 8 5 1 6 1 3 *